BÁRBARA PALACIOS

LA BELLEZA
de saber
VIVIR

GRUPO NELSON
Una división de Thomas Nelson Publishers
Desde 1798

NASHVILLE   DALLAS   MÉXICO DF.   RÍO DE JANEIRO

Adaptación del diseño al español: *Grupo Nivel Uno, Inc.*

ISBN: 978-1-60255-293-7

Impreso en Estados Unidos de América

10 11 12 13 WC 9 8 7 6 5 4

Contenido

Dedicatoria

A todos los niños maltratados, quienes lamentablemente son muchos millones en el mundo. A todos los presos políticos en Cuba y, muy especialmente, a los de mi amado país Venezuela, por arriesgar sus vidas y las de sus familias en la búsqueda de la verdad y de la libertad ¡Dios no se olvida!

Agradecimientos

Ante todo, deseo agradecer a Dios por haberme otorgado el privilegio de escribir este libro. Su apoyo y dirección me fortaleció, inspirándome para continuar enfocada en la meta de terminarlo, a pesar de las distracciones y situaciones complejas que el mundo pone como obstáculos en nuestras vidas, tratando de impedir nuestro desarrollo. Este libro representa un acto de fe en Dios, sin quien hubiera sido imposible realizarlo.

También deseo agradecer a mi familia, muy especialmente a mi querido esposo, que en todo momento me apoyó. Su impulso y motivación me dieron aliento durante el proceso, además de haber sido mi principal colaborador en la corrección inicial del libro.

A mis hijos, Víctor Tomás y Diego Alfonso, por ser mi mayor bendición. Sus consejos, sus alentadores comentarios y su enorme paciencia durante muchos días y meses en los que se privaron de realizar algunas actividades por mí, permitiéndome trabajar en esta obra, ilusionados en el proyecto editorial de su mamá.

Quiero agradecer también a varias personas muy importantes que me apoyaron desde el inicio, cuando solo acariciaba la idea. Cada una de ellas me dio su total sostén y estímulo. Durante todo el proceso, se mantuvieron velando por asistirme en lo que necesitara de ellas. Su invaluable amistad, afecto y complicidad me han permitido vivir una estupenda etapa, compartiendo este singular reto con grandes amigos. Ellos son: Flórence Ferreira, mi hermana de corazón; Javier Peña, socio, amigo y hermano en Cristo. Rita Ramírez, a quien llamamos con cariño Lola, que junto a su esposo Luis Ramírez me dieron mucho ánimo.

Todos ellos junto a Mari Antonieta Díaz y su esposo Jorge Fernández con su empresa GBS, han estado en todo momento comprometidos promoviendo las conferencias, talleres y charlas que estoy impartiendo en esta nueva etapa de mi vida como inspiradora de grupos de empresas y organizaciones.

Quiero igualmente agradecer a Fernando Velásquez, que codo a codo ha colaborado conmigo en la realización de los gráficos contenidos en este libro, aportando su capacidad, talento y su constante apoyo.

No puedo olvidar una mención muy especial al doctor Rob Peters. Siempre me alentó a escribir y a contar en estas líneas aspectos y temas que en diversas conversaciones compartimos. A pesar de no hablar español, él soñaba algún día con la publicación de mi libro, a tal punto que él mismo asistió a la primera reunión que sostuve con la Editorial Grupo Nelson. En esa reunión no solo fue un apoyo fundamental, sino que vendió la idea de manera fehaciente. Más que el pastor de la iglesia a la cual asisto con mi familia, es un gran amigo, un mentor especial; y con sus oraciones y estímulo constante me ha inspirado a participar en la gran maratón en que se convirtió esta etapa de mi vida.

No puedo dejar de mencionar a un grupo de mujeres, que siempre permanecerán en mi corazón. Me refiero al grupo literario Letras de Weston, al cual asistí por espacio de cuatro años. Durante ese tiempo tuve la estupenda oportunidad de leer, aprender y compartir sobre los libros de grandes autores hispanos. Creo que allí se generó en mí la chispa para algún día escribir un libro. Deseo muy especialmente mencionar a quien por muchos años fue la directora principal de este grupo y a quien considero una gran amiga, Sibyl Valerio, ella también me motivó a emprender este recorrido.

No existe un libro sin empresa que lo edite. No podía creer cuando la prestigiosa editorial Grupo Nelson me escribió para comunicarme su intención de contratarme y editar mi libro. No pude pedir más, es un honor salir al mercado con mi primera obra de la mano de un patrocinador de tanta excelencia y credibilidad durante tantos años en el mercado editorial.

Agradezco muy especialmente a su vicepresidente y gerente general Larry Downs, que no ha dejado por un instante de darme todo su apoyo, a Graciela Lelli, gerente editorial por su paciencia en los tiempos de entrega y a Claudia Duncan, directora de mercadeo, por su desempeño promocionando el libro a nivel internacional. También quiero agradecer a Sam Rodríguez, que ya no trabaja en esta empresa, pero que fue quien me dio la oportunidad de presentar mi propuesta a esta prestigiosa editorial.

Antes de terminar quiero agradecerte a ti, por haberte interesado en adquirir este libro. Mi mayor deseo es que se convierta en una herramienta inspiradora para estos tiempos de grandes retos y desafíos. Hoy más que nunca, los seres humanos necesitamos apoyarnos y ayudarnos, compartiendo así las enseñanzas y los mensajes de las experiencias de cada uno. Es por eso que te ofrezco nueve pasos para conducir tu vida de una manera práctica y sencilla, pasos que me han fortalecido y ayudado a superarme para continuar en el camino y saber apreciar *La belleza de saber vivir*.

Introducción

No es fácil escribir un libro, pero el solo hecho de pensar en escribirlo es fascinante y mucho más interesante el intentarlo. Es un reto con dimensiones insospechables, es tener la posibilidad de comunicarse con muchas personas y no saber con cuantas en total, es también tener la oportunidad de impactar sus vidas. Realmente esa es mi finalidad, dejar no solo un testimonio de vida, sino una guía inspiradora con la que las personas logren hacer cambios importantes en su manera de vivir. Para que vivamos con la calidad que merecemos, aunque no por nuestros actos seamos merecedores de ello, sino porque fuimos diseñados con el propósito de encontrar *La belleza de saber vivir*.

En los momentos en que vivimos como seres humanos y habitantes de este planeta, pensar en descubrir *La belleza de saber vivir* nos parece algo imposible de alcanzar y quizás escasamente nos planteamos la idea de que exista algo de belleza en la vida que nos toca vivir.

Hoy por hoy, cuando la recesión económica ataca profundamente a la mayoría de los países a nivel mundial. Cuando las injusticias producto de la maldad de los hombres arañan el corazón de una enorme población en todos los continentes. Cuando gobernantes mienten y oprimen a sus pueblos. Cuando las diferencias de religión someten a los seres humanos a pensamientos y acciones vengativas y crueles.

Hoy, cuando la madre naturaleza —debido a los cambios atmosféricos— arrasa y destruye el espacio que se nos ha dado, producto muchas veces de nuestra indiferencia. Cuando la atención y el amor necesarios para su preservación han faltado, dejando espacios sin vida a las futuras generaciones. Cuando las guerras y los conflictos invaden la primera página de nuestros noticiarios diarios. Cuando nuestra capacidad de asombro perece porque creemos que esa es la forma normal de vivir.

Hoy, cuando nuestros oídos no se hacen eco de la necesidad de otros y solo nos interesa lo que nos pasa a manera personal y egoísta. Cuando nuestros hijos aprenden que los valores no están de moda. Cuando no encontramos razón ni explicación a las cosas que nos ocurren y que están fuera de nuestros planes, desatando frustración, desilusión y, peor aun, falta o pérdida de fe. Cuando el bien y el mal se confunden como si se tratara de una acuarela, pintando el cuadro de nuestras vidas.

Hoy día, pese a todo lo anterior, lo que me sigue impresionando es que el ser humano, por lo general, desea seguir apostando a la vida y anhela asegurarse un espacio en la misma. De acuerdo a mi experiencia personal y por las diversas investigaciones llevadas a cabo sobre este punto, he visto personas que a pesar de haber perdido todo o estando en una sala de hospital combatiendo una grave enfermedad, desean seguir viviendo. Comentan que vale la pena vivir la vida y, si tienen oportunidad de seguir viviendo, desearían disfrutarla plenamente, extrayendo a cada vivencia su verdadero valor.

Eso es lo importante de la vida: ¡apreciar el significado de vivirla! Sin embargo, hay que descubrir la belleza existente en ella, puesto que la necesidad de descubrirla yace en nuestros genes, forma parte de nuestra naturaleza. Definitivamente creo que es legítimo reconocer y actuar en armonía con los valores universales, y que debemos buscar el camino para desarrollarlos y convertirlos en parte esencial de nuestras acciones en el diario vivir.

Una reciente investigación científica realizada por el psicobiólogo Marc Hauser —uno de los científicos más prestigiosos de la Universidad de Harvard— me ha impresionado mucho. Él ha demostrado la existencia de una «moral innata» en los seres humanos, aseverando que nacemos con principios universales bajo los cuales se rigen nuestras decisiones y juicios a la hora de distinguir el bien y el mal. Este notable científico ha comentado la existencia de un conjunto de principios comunes a todos los seres humanos, que parecen compartirse en lo que respecta a sus juicios morales.

Hauser sostiene que la moral es una herramienta heredada biológicamente, cuya utilidad les permite a los individuos consolidar una sociedad. Muchas veces no podemos explicar la razón de nuestros actos, y por nuestra mente circulan emociones como la venganza, la compasión, la simpatía, etc., las que a menudo están fuera de nuestra experiencia consciente. Sabemos cómo las emociones orientan las conductas humanas. Marc Hauser cree firmemente que las emociones siguen a los juicios morales y pone como ejemplo el caso de los sicópatas, que saben el significado del bien y del mal, pero como sufren de un déficit emocional, no pueden evitar hacer el mal ya que son arrastrados por sus emociones negativas y, por lo tanto, no logran actuar en concordancia con su moral innata.

Todo esto nos señala que fuimos diseñados para distinguir de manera natural entre lo bueno y lo que no lo es; por lo que tenemos habilidad para evaluar si algo nos conviene o no. Tenemos capacidad para actuar en nuestro espacio, cualquiera sea el que se nos haya proporcionado, y manejarnos como si tuviéramos dentro un GPS (*Global Positioning System*, por sus siglas en inglés, o Sistema de Posicionamiento Global utilizado en los automóviles) el cual nos indica hacia dónde vamos y el camino más conveniente.

Desde hace muchos años estoy consciente de que poseemos una moral innata a la cual he llamado GPS, y ahora cuando la ciencia lo pone de manifiesto, confirmo mi teoría. Lo que desconocía es la presencia de esa moral innata en nuestros genes, los cuales forman parte de nuestra composición celular y realizan su trabajo sin nuestra ayuda. También es importante reconocer que el lugar donde nacemos, la cultura que nos rodea desde la niñez y las personas de nuestro entorno, marcan pautas importantes para utilizar de manera eficiente esta herramienta o simplemente contribuyen a hacernos indiferentes a la existencia de ella.

Siguiendo con la idea de contar con la existencia de una moral innata en nuestra composición biológica, bautizada por mí como GPS, debo preguntarme: ¿Para qué realmente nos sirve? ¿Es solo para darnos claridad entre el bien y el mal o también puede proporcionarnos instrucciones para alejarnos del mal y acercarnos al bien? Sin lugar a dudas, el ser humano, en su esencia, siempre busca directrices para enfocar convenientemente su vida y determinar sus acciones para el logro del bienestar.

Lo que me sorprende de contar con una moral innata es cómo el mundo casi no nos permite reconocer la existencia de ello debido a la carencia de conocimientos y muchas veces la falta de interés, aun cuando Dios nos la otorgó.

La ciencia recientemente confirmó una verdad que siempre ha estado presente y que seguirá estando para beneficio de todos los seres humanos. Yo, en lo particular, creo que la moral innata reside en el corazón y que forma parte de su genética. Creo definitivamente en lo importante que es buscar y encontrar la manera sabia de utilizarla, entendiéndola y poniéndola en funcionamiento, de modo que los principios morales universales pauten las emociones y no sean estas por sí solas las que controlen nuestras vidas.

Si a pesar de todos los acontecimientos difíciles por los que atravesamos los seres humanos persistimos en el concepto de que la vida vale la pena vivirla y es bella, —aunque esa belleza no se vea con claridad en algunas circunstancias— y si reconocemos la existencia de lo que he denominado GPS interno (moral innata), con el interés de prestarle la atención debida para conducir nuestra existencia, entonces el paso siguiente debe ser prepararnos para saber utilizarlo.

Muchas veces no tomamos en cuenta o tenemos los oídos sordos para prestar la atención debida a nuestro GPS. En otras ocasiones lo escuchamos, pero desconocemos la manera de aumentar nuestro potencial o no estamos seguros de su eficiente utilización ya que ponemos en tela de juicio su veracidad. Es por eso que desde hace mucho tiempo quería decirte lo que he vivido al utilizar mi GPS. Creo que el momento es ideal porque para transmitir algo necesitamos vivirlo y experimentarlo. Me ha tomado un buen número de años haber pensado en escribir algún día un libro sobre mi propia experiencia.

Este libro es un manual para utilizar tu GPS interno; es más, te ofrezco un GPSV, es decir, una «Guía Práctica para Saber Vivir». A través de los nueve capítulos siguientes descubrirás herramientas claves para alcanzar tus objetivos en la vida. Por eso te animo a no detenerte en el camino del constante proceso de superación e inspiración, imprescindible para vivir cada día, logrando apreciar y disfrutar *La belleza de saber vivir*.

La aceptación

P ara saber utilizar tu GPS interno debes comenzar por la aceptación. Aquí vas a girar totalmente hacia ti, como si estuvieras frente a un espejo y el único que está al frente eres tú. ¿Alguna vez te has preguntado si te aceptas o si has pasado mucho tiempo de tu vida pensando en cómo los demás te aceptarán? Eso es muy normal, no hay nada malo en ello, el problema es pensar solamente en que los demás nos tienen que aceptar.

Cuando eso pasa es como si quedáramos estacionados por días, meses y hasta años en un mismo sitio, viendo pasar al mundo frente a nosotros sin poder interactuar con él. Es como si algo nos impidiera acceder a la autopista en la que todos van más rápido y con mayor libertad.

La persona que solo espera ser aceptada se siente como si se quedara dentro de la ciudad tratando de llegar al mismo lugar a donde van los demás, pero dentro de un entorno lleno de semáforos en rojo, con un tráfico pesado y sin saber siquiera si va a llegar a donde tiene que ir.

Así que el primer paso que tienes que dar antes de lograr la aceptación de los demás, es aceptarte tú mismo para seguir hacia adelante y llegar a tu destino. Tu GPS interno te servirá para saber cómo ubicarte en esta vida. Te permitirá distinguir el camino del bien y del mal, para así reconocer todos los recursos con los que naciste, y de esta forma encuentres las respuestas sobre qué camino seguir.

La primera vez que tuve noción de que estaba *viva* fue cuando tenía aproximadamente diez años. Me encontraba en un taxi con mi mamá en mi querida ciudad de Caracas, Venezuela. Ese día había mucho calor y el taxista se rehusaba a poner el aire acondicionado por economizar.

El calor era agobiante, recuerdo que el reloj del taxi apuntaba las dos de la tarde. A pesar del calor, era un día precioso. No sé en qué mes estábamos, pero en Caracas eso no importa mucho, ya que por lo general siempre tenemos el mismo clima, aunque varía un poco en la época de lluvias y en las fechas decembrinas.

Mi mamá tenía una cita con un fotógrafo de una revista muy reconocida por aquella época y las dos íbamos a estar retratadas en la portada de la próxima edición. Yo no estaba consciente del honor que eso significaba y de lo famosa que era mi madre. Para ese entonces ella era considerada una gran actriz y, debido a sus actuaciones, la reconocían como la mejor villana de la televisión venezolana.

Mi mamá representaba unos personajes muy complejos, con mucha interpretación. Cada uno requería de una actriz con mucho dominio, pasión y condiciones histriónicas. Ella las tenía, y vaya que las tenía, yo como nadie estaba consciente de que nació para actuar. Siempre supe lo mucho que amó la actuación, eso fue su vida.

Dentro del taxi veía cuantas vueltas daba el chofer sin llegar al lugar de nuestra cita. Nos encontrábamos en el centro de Caracas y quien conozca esa zona hoy día pensará que cuando yo era niña no había tráfico, pero ese día había una gran congestión de automóviles. Recuerdo al señor del taxi cuando mencionaba las calles para desviarse del área de tráfico, pero todos sus intentos eran infructuosos porque nos íbamos trancando más y más.

Todo era un caos, mi mamá se sentía muy nerviosa porque pensaba que no llegaríamos a tiempo a nuestra cita y yo pensaba: ¿A dónde iremos? ¿Será importante ir a esa cita? ¿Nos estarán esperando en verdad en ese lugar? ¿Quién quería verme ese día? ¿Me conocen o solo conocen a mi mamá? Y así me iba haciendo un número ilimitado de preguntas, pero algo me dejó pensando mucho y fue el motivo de que yo fuera. ¿Por qué me querrán ver a mí? ¿Por qué debo estar en esa fotografía? ¿Será solo por el hecho de ser la hija de una mamá muy famosa? ¿Me aceptarán por lo que soy o por quien soy? ¿Me aceptarán? Esa fue la gran pregunta que por primera vez recuerdo que me hice a mí misma.

Lo menos que se imaginaría aquel taxista era que aquella niña estuviera en un profundo cuestionamiento de sí misma y del mundo a su alrededor, pensando si sería aceptada por los demás.

Recuerdo ese día muy bien, creo que todo lo que pensé me impresionó tanto que todavía tengo en mi mente los detalles de aquel momento. No olvido cuando me veía en el espejo retrovisor del taxi como si me viera por primera vez. Y en esos momentos me preguntaba: ¿Por qué estaba allí? ¿Para dónde iba? ¿De dónde venía yo? ¿Por qué y para qué nací? ¿Quién era yo en verdad?

En ese taxi se me ocurrió hacerle una pregunta muy singular a mi mamá. La dejé muy impresionada, sobre todo por haber elegido aquel momento tan poco propicio. Adicionalmente, decidí hacerle una pregunta muy profunda, ajena a todo el contexto en el que nos encontrábamos.

Me le acerqué y le hice señas para hablarle por su oído bueno, el derecho, ya que no oía por el izquierdo y no quería que el taxista me escuchara. Fue entonces que, susurrándole, le pregunté: «Mamá, ¿de dónde vengo y para qué estoy viva?»

Alguien dijo que los niños siempre dicen la verdad, y diría que no solo lo hacen con sus palabras, sino también con sus actitudes. Con estas expresan sus sentimientos, dando a conocer quiénes son en realidad. No hay nada en sus mentes que distorsione su manera de sentir, son libres para expresarse y aunque tengan actitudes o reacciones erradas, manifiestan de manera verdadera quiénes son.

Los niños nos pueden hablar mucho más de quiénes son ellos y de sus sentimientos que los adultos, que ya han tenido suficiente tiempo para aprender en la vida. Los adultos casi siempre tienden a esconder su verdadero ser frente a los demás. Muchos de ellos, al carecer de la aceptación de sí mismos, pierden la oportunidad de lograr un constante crecimiento personal, lo cual les permitiría ser mejores seres humanos. Por el contrario, se conforman con aparentar ser otra persona frente al mundo y se mantienen así toda su vida.

Conocí a una niña que desde muy pequeña tuvo conciencia de su difícil entorno familiar. Había cosas sin sentido que percibía como erradas aunque no tenía experiencia para saber cómo deberían ser. Ella solo sentía y, más que eso, sabía que no debían ser así.

Su mundo estaba lleno de personas adultas que no vivían bien, no eran felices, nunca se habían aceptado ni habían aceptado a su entorno, no podían controlar sus emociones, ni mantener relaciones positivas con sus seres queridos.

Paradójicamente, con las personas extrañas intentaban establecer vínculos afectivos intensos, y para ello se revestían de otro ser en sí mismos, aun cuando en su intimidad sufrían por el vacío tan grande que les hacía sentir la falta de aceptación.

En la vida familiar de esa niña todo estaba distorsionado, todo estaba en descontrol y ella lo sabía. Yo estoy segura que su GPS interno se lo decía, señalándole que estaba viendo un camino inseguro, más bien, el camino a la destrucción.

El vacío de la aceptación puede provocar mucho descontrol en nuestras vidas, pero también puede ocasionar descontrol a la de otros que solo se convierten en víctimas de la no aceptación. Esas personas muchas veces no han contado con el tiempo para profundizar en el significado de esa palabra, por lo que no logran enriquecer sus vidas. Este es el caso de los niños cuando sus padres no han conseguido entender la importancia de la aceptación, y se convierten en víctimas de sí mismos, retrasando el momento de empezar a andar por ese camino.

La aceptación es realmente el primer paso para comenzar a dirigir nuestras vidas. Ella nos permite hacerlo de manera eficiente y por el camino seguro, y nos coloca a la altura de las exigencias que reclaman el hecho de vivir en este mundo.

Siempre pensamos que lo que nos sucede a nosotros no le ocurre a nadie más o, peor aun, creemos que en el pasado nuestras familias quizás no sufrieron lo que enfrentamos hoy.

Tal cosa está muy lejos de la realidad porque todos —desde la creación del mundo— atravesamos casi por los mismos conflictos personales, por los mismos desafíos y por todo lo que implica convertirse en un individuo estable internamente dentro de un mundo carente de estabilidad.

Recuerdo a mi querida e inolvidable abuela materna Carmela, conocida familiarmente en Tenerife, Islas Canarias, como Monte Carmelo. Así le decían con cariño a las personas de su pueblo, Chio, donde nació el 3 de marzo de 1920. Traigo a mi memoria que me contó que aun cuando en su carta de nacimiento le pusieron María del Carmen y fue bautizada con ese nombre, los habitantes de Chio la apodaron Monte Carmelo.

Mi abuela era agraciada físicamente, pero nunca lo creyó, siempre pensó que su hermana mayor era la poseedora de tales atributos. Tuvo seis hermanos, de los cuales dos eran mujeres, y siempre admiró la belleza de Teresa, que había heredado a su vez los atributos físicos de la madre de todos ellos, Doña Imelda, conocida como una de las mujeres más bellas de Chio, para finales del siglo diecinueve.

A pesar de no sentirse físicamente bonita, era muy segura de sí misma. Sentía desde muy joven una fuerza y un empuje heredados de sus antepasados, donde la lucha por saber vivir también fue una constante. Quizás en los cuentos y anécdotas que alguna o varias veces le relataron de pequeña, su madre y su abuela le transmitieron lo importante que era ser decidido y perseverante en la vida.

Ella me hablaba acerca de la importancia de aceptar las situaciones que se atravesaban en la vida. ¡Y vaya situaciones que atravesó! Podría escribir un best seller solo con las aventuras de mi abuela Carmela. Y la titularía: «Las aventuras de Monte Carmelo».

Nunca olvidaré la cantidad de veces que mi querida abuela me contaba los consejos de María, su abuela materna. Imagínate, te estoy hablando de nada más y nada menos que de mi tatarabuela. Ella le decía a mi abuela Carmela que no se preocupara por ser bonita ya que en la vida lo importante era ser reconocida como una mujer luchadora y trabajadora.

Me imagino a mi tatarabuela en esa época, viendo que mi abuela estaba creciendo con inseguridad debido a su aspecto físico y supongo que seguramente le quiso reforzar su propia aceptación. Me imagino que con su experiencia descubrió y apoyó en la inquieta abuela Carmela su disposición al trabajo, su necesidad de dar más, su perseverancia en las metas, herramientas valiosas para el buen desempeño de su vida.

La abuela Carmela no se sentía muy aceptada por su padre, don José, quien en aquella época se encargaba de cultivar las tierras de su finca, donde se producían higos, almendras y muchos árboles frutales. Su padre también se dedicó a la confección de manteles y sábanas caladas, las que llevaba a Cuba para venderlas.

Recuerdo a mi abuela Carmela, contándome las veces que su papá había cruzado el mar en barco, realizando más de sesenta viajes para llevar su producción a la isla de Cuba.

Sin embargo, cuando regresaba de sus faenas —ya fueran del campo o de los viajes a Cuba—, siempre llegaba de muy mal humor, no tenía ningún control emocional y en esa época hablar de ese tema era imposible. En ese tiempo no se conocía eso y, segundo, era un tabú decirle a alguien que carecía de autocontrol.

Mi bisabuelo José, por su temperamento descontrolado, castigó mucho a su propia familia y les hizo sentir a sus siete hijos mucho dolor, temor e inseguridad en sí mismos. Ellos nunca supieron si su padre los quería, si los aceptaba, si siquiera era feliz con tener una familia tan bella y numerosa.

La bisabuela Imelda, cuando su esposo salía a vender la producción al otro lado del Atlántico, ausentándose casi tres meses, trataba de que sus hijos tuvieran la oportunidad de disfrutar de sus vidas con las cosas propias que hacen los niños: reír, jugar, ser queridos y amados por su madre.

Compartían con ella el fuerte trabajo en el campo, en el cual participaban todos, inclusive mi abuela, que lo hacía desde la edad de cinco años. La bisabuela se esforzaba para que esos días se convirtieran en una jornada divertida de la que toda la familia se sintiera orgullosa.

Mi abuela solo recordaba a su padre don José alegre, cuando los levantaba a las cinco de la mañana para empezar el trabajo de la siembra y los paraba de las camas cantándoles: «Arriba, arriba, que arriba está quien premia y quien castiga». Mi abuela Carmela siempre supo que quien castigaba no era el que estaba arriba, sino el que estaba abajo y en su casa.

Lamentablemente era su propio padre, que por no tener tranquilidad en su corazón o por cualquier otra razón, los castigaba. Quizás el abuelo también fue víctima de una niñez terrible y no supo nunca o nadie le enseñó cómo romper con su pasado. Don José les transmitió a sus hijos mucha desolación, dando como resultado que mi abuela Carmela no se sintiese nunca aceptada ni querida por su propio padre.

La necesidad del ser humano por sentirse aceptado desde el mismo momento de su concepción es fundamental, porque marca profundamente el sentir de esa nueva vida que se está formando, buscando ser conocido y aceptado como es, con las debilidades y las fortalezas que trae.

Como dicen en nuestros pueblos latinoamericanos: «Cada niño viene a este mundo trayendo muchas bendiciones debajo del brazo». Los que no vemos esas bendiciones en muchas ocasiones somos los adultos y eso lo sufre el niño en su crecimiento, en su vida madura y hasta cuando llega a ser anciano.

Creo que uno de los días que mejor comprendí el significado de la palabra aceptación fue en el 1988, durante un evento de la Fundación Provive celebrado en Caracas, Venezuela. En ese tiempo yo era la imagen y vocera de la institución, lo que me permitió conocer, aprender e informarme sobre un tema envuelto en tanta polémica como es el aborto.

En ese evento pude ver por primera vez las desgarradoras imágenes de un feto, de apenas pocas semanas de gestación, pretendiendo ser arrancado del vientre de su madre. El video presentado en esa pantalla en la conferencia a la cual asistí, constituía para la fecha un gran avance tecnológico. Pocas personas en el mundo teníamos la posibilidad de presenciar el horror de un momento como ese a través de la pantalla, pero lamentablemente era necesario verlo para poder testificar ante el mundo lo que un inocente ser no puede decir a gritos a otros para ser escuchado. En esas imágenes pude constatar que el feto lucha por la vida y por ser aceptado en ella desde el primer momento de la concepción.

La aceptación es una necesidad humana primordial por satisfacer. La aceptación para mí es uno de los mayores descubrimientos en uno mismo, es un tesoro por encontrar. Y toda persona desde el mismo momento de la concepción tiene una identidad única, con una gran cantidad de cualidades y potencialidades.

Si esas cualidades y potencialidades no son estimuladas de manera positiva, siendo aceptadas por los que nos rodean desde las primeras etapas de la infancia, pueden quedar dormidas en nosotros y, lo que es peor, es probable que nunca salgan a la superficie lesionando nuestra propia identidad, convirtiéndonos en quienes no somos naturalmente.

Siempre escucho a muchas personas referirse a la aceptación como si fuese lo mismo que resignación. Aceptación no es sinónimo de resignación. Por el contrario, es conocer y reconocer la realidad, es asumir la responsabilidad de esa realidad, es el arranque que lleva al cambio porque asumiendo las dificultades o desventajas, así como las bondades de nuestro entorno o en nosotros mismos, es que podemos mejorar. Y, por supuesto, mejorar lleva al crecimiento y esto nos conduce a la madurez.

La aceptación nos permite ver la realidad. Sin embargo, eso no significa que paralicemos esa realidad en el tiempo por haberla aceptado. La aceptación tampoco significa que nos debe gustar la realidad y, por lo tanto, al haberla aceptado, no tendríamos la necesidad de luchar por cambiar o mejorar, eso es un mito. La aceptación es progreso, es cambio, es transformación hacia algo mejor y positivo.

La aceptación es la senda hacia la paz y el perdón, te libera del mal, conserva el bien que hay en ti y extrae lo positivo de las situaciones por las que estés atravesando. La aceptación te permite hallar en tu corazón la esperanza y la fe para seguir el camino.

Aceptación no es sinónimo de conformismo, no es compasión, no es «así soy yo y así me quedo» ni «las cosas son así y así se quedan». Solo cuando me acepto a mí mismo o a otros, es cuando puedo hacer frente a mis defectos o a los de los demás. Aceptarse o aceptar a otros no significa que nos agrade la manera en que somos o lo que hacemos, pero sí implica asumir la realidad, de manera que logremos entender mejor el panorama, las dificultades, las desventajas y trabajar con las herramientas adecuadas.

Estas herramientas o recursos se encuentran dentro de cada uno, desde el momento de la concepción y son el gran tesoro que debemos descubrir nosotros mismos.

La aceptación debe llevarnos de ese «soy yo» a «yo soy más»; aun cuando no es fácil, es posible. Algunas personas te dirán que la aceptación es parar la guerra con uno mismo, pero yo te digo que nunca terminará esa guerra, ya que es una guerra espiritual. Por eso es necesario descubrir esas herramientas que Dios puso en nosotros desde el momento de la concepción. Él nos las dio para que podamos luchar en la batalla con dignidad y perseverancia.

Cuando empezamos a crecer y a reconocernos en el espejo, comienzan las batallas por aceptar hasta nuestro propio cuerpo. Y si ya somos lo suficientemente grandecitos, para entender lo que el mundo conceptualiza como bello o bella. Es entonces cuando damos los primeros pasos para cuestionarnos a nosotros mismos. Mucho más desafiante será si nos encontramos fuera de los parámetros marcados por el mundo.

En todas las generaciones y en todos los tiempos, han existido cánones para determinar si alguien es más o menos agraciado físicamente.

¡Te has parado alguna vez frente al espejo en la mañana diciéndote a ti mismo: Vaya cara la que Dios me dio? Bien sea descubriéndote una cana que no estaba el día anterior, una arruga que creías era solo tu imaginación, o simplemente un detalle estético que según tu criterio personal amenaza con afectar tu imagen.

La mayoría de nosotros hemos enfrentado esos pensamientos, desafiando la forma en que nos vemos, tratando de aceptarnos, lo cual influye directamente en la manera en que nos sentimos por dentro.

El diccionario Larousse define la palabra belleza como «la armonía física o artística que inspira placer y admiración». Tomando en cuenta esta definición, podríamos decir entonces que el concepto subjetivo de la belleza está ligado directamente a una respuesta emocional de aceptación o rechazo, de nosotros mismos o de quienes nos rodean.

Hoy en día la gente lucha con el paso de los años y busca arduamente diferentes recursos para mantenerse físicamente joven y atractiva pero, ¿podemos acaso luchar con la realidad del paso del tiempo y sus consecuencias en nuestro cuerpo o por el contrario debemos buscar fórmulas para entender y ser agradecidos con lo que tenemos y por quienes somos?

Hoy más que nunca hay miles de personas que sufren de lo que considero una enfermedad silenciosa llamada autorechazo, cuyos síntomas hacen sentir a los agraviados con poco valor frente a otros. Casi siempre esas personas creen que se ven menos agraciadas debido a los dictámenes de la moda que invaden los medios de comunicación. Hoy más que nunca jóvenes menores de veinte años desean o creen necesitar alguna cirugía plástica. Sienten que algo les falta para ser aceptadas por sus amistades o, peor aun, para aceptarse a sí mismas.

Crecientes reportes revelan un alto número de jóvenes adolescentes que sufren de padecimientos como la bulimia y la anorexia. Esas enfermedades pueden llevarlas a una muerte casi planificada —involuntariamente— por sus mentes. Sus corazones inseguros sufren por no ser aceptadas por la familia o la sociedad de la que forman parte, llegando a sentirse carentes de todo. Creen que no tienen nada por lo cual luchar, solo están pendientes de provocar su autodestrucción.

Por lo general, la gente no solo lucha por hacer su físico más agradable a sus ojos, tampoco lo acepta muchas veces como es. Por el contrario, desea tener los atributos físicos de otros, lo que a veces se convierte en una gran frustración. Podemos pensar que esa falta de aceptación no significa nada, cuando realmente conlleva a muchos problemas, hasta convertirse en un gran enemigo de nuestras vidas y dentro de nosotros.

La persona, con el afán de conseguir aceptación, busca entonces ángulos extremos llegando a caer en situaciones inconvenientes para su crecimiento. La lucha no termina en la belleza, sino encima, se complica cada día más creando una guerra por detener los años y sus consecuencias en nuestro físico. Y luchar contra el tiempo sí es una batalla perdida.

Cada día es necesario procurar estar más sanos y fuertes, y esto se logra con el ejercicio y una alimentación balanceada. Por supuesto, estoy de acuerdo con eso. Si dejara de correr, sería terrible para mí ya que es una actividad deportiva que descubrí hace pocos años y no solo me mantiene fuerte sino que me alimenta el alma. Me encanta salir y disfrutar de la naturaleza mientras corro, poder ser parte de su belleza, de sus mensajes a través de las aves, de las flores, de los árboles y de todo lo que en ella vive.

Pienso que, en vez de luchar contra el paso de los años, es importante cambiar el discurso de la angustia y aceptar con agradecimiento cada cumpleaños, disfrutando de lo que tenemos y no sufriendo por lo que no tenemos. Es mejor y mucho más sano darle gracias a Dios por cada nuevo año y disfrutar a plenitud cada etapa, como si fuese un nuevo comienzo con mayor sabiduría y oportunidades.

Todos nacemos con el ideal de ser aceptados, en primer lugar por nuestros padres y también, según crecemos, por las personas con las que nos relacionamos. Sin embargo, pocas veces nos enseñan cómo ser agradecidos por quienes somos y por la forma en que nos vemos, para encontrar en nosotros mismos mucho más de lo que observamos con nuestros propios ojos.

Si aceptamos verdaderamente la edad y sus cambios, nuestra felicidad fluirá a través del rostro, luciendo saludables. Esto es algo que creo y practico. Ya la ciencia lo ha visto con sus grandes avances en la investigación. Cuando nos sentimos contentos con lo que somos y con nuestro esfuerzo por ser mejores cada día, nuestro sistema inmunológico mejora, se fortalece, se siente preparado para la batalla a librar diariamente.

Batalla contra las enfermedades que atacan nuestro cuerpo y contra la cantidad de agentes perniciosos que invaden nuestro organismo sin imaginarnos lo que hacen ni sus consecuencias.

Lamentablemente en muchos casos, poner demasiado énfasis en la belleza física, lejos de ser una ventaja, puede llegar a convertirse en una idea capaz de crear un conflicto interno, atormentando a quienes luchan por ser aceptados por su entorno. Mucha gente teme excesivamente lo que otros piensen de ellas y ven su imagen reflejada en el espejo como un patito feo, sintiéndose miserables y rechazadas.

Por mi experiencia puedo decirte que el tema de la belleza ha sido un aspecto relevante en mi vida. He experimentado el haber ganado tres de los más importantes concursos de belleza en el mundo, incluyendo Miss Universo 1986.

Con la mayor sinceridad te puedo decir que siempre salía al escenario confiada en que los jueces verían en mí más de lo que sus ojos podrían captar, permitiéndoles ver quién era yo como persona, por encima de la apariencia. Eso se convirtió en un logro para mí y estoy segura de haber obtenido mayores beneficios de los que pudiera haber logrado concentrándome en los atributos físicos solamente.

Seguramente tu vida nada tiene que ver con un concurso de belleza en el que evalúen tus medidas, altura y armonía física. No obstante, cada uno de nosotros, día a día, salimos a nuestro propio escenario con una profunda necesidad de ser aceptados.

Salimos deseando recibir una puntuación que nos haga sentir ganadores frente a quienes nos rodean. Por lo tanto, es muy importante la manera en que te presentas ante otros, desarrollando confianza y aplicándola a las facultades otorgadas por Dios.

Muchos adultos desconocen que la crítica y las acusaciones, recibidas durante la niñez, a menudo causan problemas serios en la vida de muchos que se sienten rechazados, y se ven a sí mismos sin ningún valor, llegando incluso a sentirse mal con su físico. Ciertamente no podemos resolver ni cambiar situaciones del pasado, pero podemos afrontar el futuro con determinaciones propias y positivas que nadie podrá arrebatar.

Aceptar la belleza como un concepto real, personal e integral no tiene que concentrarse en luchar contra la idea subjetiva de tener una nariz grande, unas orejas pequeñas o un cuerpo desproporcionado. Es mejor tomar decisiones que te ayuden a apreciar las virtudes maravillosas que Dios te ha dado, en todos los aspectos de tu vida, comenzando desde adentro hacia fuera.

La manera en que nos veamos internamente reflejará quienes somos por fuera y cómo nos verán otros igualmente. Lo que piensas sobre ti tiene gran influencia en lo que sucede en tu vida, tal y como dijo el sabio Salomón: «El pensamiento en el corazón de la persona determina como es ella».

Tenemos que partir de la misma aceptación de nosotros mismos, porque alguien nos diseñó y nos hizo con amor, a pesar de las circunstancias que nos rodeen. Ese alguien es Dios, Él nos ama, nos creó y nos acepta, por lo tanto nacemos con el amor suyo. Y cuando conocemos de ese amor, seguimos adelante a pesar de que quienes nos rodeen no nos acepten.

Es cierto que antes de tener conciencia del amor y de la aceptación de Dios por cada uno de nosotros —y eso te incluye a ti—, muchas personas pueden intentar —consciente o inconscientemente— destruir esa aceptación personal desde la misma niñez de manera que lo que conocemos como autoestima descienda a su más bajo nivel.

La aceptación es también perdón. Tenemos que perdonar y perdonarnos, por lo vivido en nuestro pasado, por las consecuencias de nuestros actos equivocados y por los provocados por otras personas. Todo eso debe quedar atrás. La aceptación es presente, estamos aquí y este aquí es nuestra realidad.

Estarás pensando que aun cuando sabes que Dios te ama, quieres ser aceptado por las personas con las que te relacionas. Te puedo decir que en mi experiencia personal, si no me hubiera aceptado y no tuviera conciencia de que Dios me ama, no hubiera encontrado la paz en mi búsqueda de la aceptación por parte de otros.

Esa búsqueda la debes complementar con seguridad, con la confianza en ti mismo y no en los demás. De esta manera podrás compartir con personas o pasar por situaciones en las que nadie ni nada te detendrá en tu crecimiento. No obstante, si no experimentamos la aceptación de la realidad, podemos rodar por un camino totalmente desligado de nuestra auténtica y sencilla naturaleza.

Recuerda que:

- Compararnos con otros o vernos inferiores en apariencia, capacidad, logros o riquezas es una pérdida de tiempo, y este no vuelve.
- Establecer expectativas y estándares irreales no nos fortalece.
- Exagerar y generalizar lo que no nos gusta de nosotros mismos es negativo y nos resta posibilidades para triunfar en la vida.

La aceptación de las circunstancias

Una vez entendida la importancia de la aceptación para valorar lo que somos y cómo somos, necesitamos entonces seguir avanzando como lo indica el GPS, ya que la aceptación parte de nosotros y al tener claro este concepto en nuestras vidas, podremos aceptar las circunstancias.

Hay circunstancias de circunstancias, la vida es un abanico de problemas por resolver y todos no se solucionan a la vez. Sin embargo, tenemos la opción de enfrentarlos de la misma manera: con humildad, para ir por el camino seguro.

En esta guía práctica para saber vivir te recomendamos este camino, el de la humildad, no es fácil encontrarlo, pero una vez identificado, la dimensión de tus conflictos cambia y empiezas a ver los problemas de una forma diferente. No sentirás la opresión ejercida por los problemas, no sentirás que te envuelven. No voy a exagerar diciendo que no vas a sentir inquietud, pero los problemas no te asfixiarán como antes ni acabarán con tu vida, con la de los tuyos, o lo que es peor produciéndote un sinnúmero de malestares físicos, conduciéndote a sufrir alguna enfermedad o llevándote a la muerte.

No vale de nada morir por un problema. Muchas personas están muriendo por diferentes problemas pues estos se convierten en enfermedades que atacan el sistema inmunológico. Este sistema, debido a nuestra posición de derrota ante las circunstancias, se deprime, queda sin fuerzas para atacar al virus o a la bacteria que intenta apoderarse de nuestro cuerpo.

Nuestra mente controla todo el cuerpo, pero al estar mal enfocada en una situación difícil y pensando de antemano que todo está perdido, no encuentra forma de controlar las emociones y las angustias.

Se ataca a sí misma, cuestionando cómo hace las cosas o cómo las hizo. Se culpa a sí misma o a otros, restando la energía necesaria para asumir una posición de combate. Cuando te digo que nuestra posición ante la vida debe ser combativa no es porque vayamos a hacerle daño a nadie; por el contrario, debemos evitar por encima de todo perjudicar a los demás, pero es fundamental evitar hacernos daños a nosotros mismos.

Al referirme a la posición de combate, no quiero destacar la posibilidad de desarrollar una actitud de orgullo, arrogancia o prepotencia, tampoco de indiferencia ni de restarle importancia a las situaciones. Eso no implica atacar al otro, es sencillamente estar listo con todas nuestras herramientas de combate y con el conocimiento preciso sobre la situación a enfrentar.

Es desarrollar una reflexión profunda para conocer nuestras habilidades ante las circunstancias, es también pedir opiniones a personas confiables, es vivir en humildad sin salirnos del camino para aprender de las situaciones y es cultivar el carácter positivo, como resultado de la aceptación, entendiendo la importancia de saber cómo nos enfrentamos a ese difícil momento.

Dependiendo de nuestra actitud, podrán ser más fuertes las consecuencias; en caso contrario, esas tormentas nos sacudirán, pero no nos derrumbarán.

Muchas veces, cuando escucho a tantas personas aconsejando a otros cómo adoptar una posición positiva ante las circunstancias, me quedo muy preocupada por los individuos que reciben ese remedio sin instrucciones para tomarlo.

La actitud positiva no se puede tener, no se puede asumir, no se puede tomar prestada, no se puede imitar, no se puede comprar. La actitud positiva solo se puede obtener y reflejar cuando aceptamos las situaciones que atravesamos, no porque nos agraden, pues a nadie le gusta enfrentar problemas o vivir en un constante acecho en cuanto a lo que pasará mañana. Sin embargo, la vida, mi querido lector, es así. Está llena de peligros, de riesgos, de tentaciones nada productivas para nuestro crecimiento personal. La vida está llena de muchos obstáculos que debemos derribar o superar, pero nunca darnos por vencidos ni quedarnos inmóviles, compadeciéndonos de nosotros mismos. En esos casos los obstáculos, por lo general, no permanecen del mismo tamaño, más bien crecen y crecen más convirtiéndose en una enorme montaña.

Al despertar todas las mañanas lo primero que pienso es en agradecer a Dios, por tener un nuevo día para continuar con mi misión de vida. Doy gracias por las bendiciones, a pesar de tener diversas preocupaciones o situaciones difíciles por resolver. Las bendiciones, aunque puedan parecer pequeñas ante los ojos de otras personas, son muy grandes para mí porque les he dado esa proporción en mi vida y sé, por convicción, que me dan las fuerzas para continuar y disfrutar de la vida diseñada por Dios para mí.

En esos momentos pienso que una vez levantada de mi cama y alistada para salir, debo revestirme de guerrera para enfrentar y aceptar las batallas que están esperando de la puerta de mi casa hacia afuera. Eso es lo más importante, librar las grandes batallas. Dejemos solo las menores o ninguna dentro de casa, esas que podemos controlar sin destruir lo más preciado para todos: la familia.

Quizás estés pensando que, en tu caso, es en tu propio hogar donde tienes grandes batallas y, por lo general, hoy en día ocurre eso. Las familias están sufriendo grandes enfrentamientos y guerras que se producen dentro de los hogares, como si se tratase de un plan para destruir lo más importante del ser humano, su núcleo familiar.

¿No te has puesto a pensar que el enemigo del hombre solo desea debilitarnos, pretendiendo afectarnos en donde más nos duele? Su blanco es donde recibimos las grandes bendiciones dispuestas para nosotros, es decir, dentro del entorno familiar. Si el mal logra debilitarnos en esta parte vital de nuestras vidas, nos será más difícil sobreponernos. Es más fácil superar las situaciones ajenas al entorno familiar ya que nuestros recursos personales pueden ser escasos para combatir. Por lo general, cuando eso ocurre perdemos la batalla y el mal sale triunfador.

Los porcentajes de familias destruidas son altísimos, los abusos a menores por parte de sus padres son dramáticos. El núcleo de la sociedad, es decir, la familia, en las últimas décadas ha venido desmoronándose debido a que tiene muchos detractores.

Hoy por hoy existe un número muy alto de jóvenes que no tienen el más mínimo deseo de comprometerse para formar una familia, no creen en ella. Eso se debe, en muchos casos, a haber sido víctimas de situaciones difíciles en el entorno familiar. Cuando digo difíciles no me refiero a las situaciones económicas, las cuales no deberían ser la causa de enfrentamiento familiar —aunque a veces lo son—, me refiero al trato obtenido por los miembros de su familia inmediata como padres y hermanos.

La falta de aceptación de nosotros mismos y de las circunstancias que nos toca vivir, en muchos casos es generada por la falta de amor, respeto, estímulo y aceptación por parte de los padres. El corazón de un niño puede quedar herido de por vida cuando es despreciado, apartado, abandonado por los miembros de su familia o por alguien.

Ni la muerte quebranta tanto a un inocente como el hecho de ser maltratado dentro del círculo familiar. El rechazo y el abuso afectan la imagen y la confianza en nosotros mismos y hasta nos convierte en seres débiles ante las situaciones.

Existen muchas causas por las que una persona piensa o siente no poder aceptarse a sí misma. Mucho más son las que tiene para no aceptar al mundo que le rodea. Además, ni siquiera se imaginan la cantidad de salidas a sus problemas y, peor aun, quizás nunca se permitan encontrar la que mejor resuelva sus conflictos.

Por lo general, se convierten en víctimas de sí mismos, viviendo en conflicto, necesitando de los problemas, puesto que se identifican con ellos. Es como vivir presa de ellos, encadenados a los abusos. Muchas de esas cadenas pueden estar atadas al abandono, al maltrato infantil, a la falta de aceptación, al divorcio, a los brutales castigos, al abuso verbal, a la humillación, entre muchos otros.

Cuando un adulto no se ha liberado de las ataduras de su niñez, puede desarrollar una vida ajena a la realidad, donde no tenga claro el papel que debe cumplir ni su derecho dentro de la comunidad. Es más, puede repetir una y otra vez los mismos modelos de conducta adoptados contra él, convirtiéndose de víctima en victimario.

Eso es lo que ocurre muchas veces dentro de las familias. Podemos ver a muchas personas provenientes de hogares destruidos, que repiten las mismas escenas de abuso en sus propios hogares. Por eso escuchamos muchas veces que las familias disfuncionales producen nuevas familias disfuncionales.

Hay personas que viniendo de problemas como los mencionados, arrastran su papel de víctima toda la vida y no pueden superar ni aceptar lo vivido. Como mencioné anteriormente, aceptar lo vivido no significa que sea de nuestro agrado ni que debamos conformarnos con vivir siempre así.

Ni siquiera debemos resignarnos al sufrimiento. La aceptación es enfrentar lo que pasó, es enfrentar la prisión en que vivimos, es buscar y promover el cambio total, es desarrollar planes de acción para lograr esos cambios, es comprender a quienes viven lo que nosotros vivimos. Es sentir empatía por lo que están necesitando y ayudarlos a salir de las prisiones en las que están encerrados.

La falta de aceptación de uno mismo y del entorno al cual pertenecemos puede ser muy grave y es comparable a decirte que es como vivir muerto estando vivo.

La falta de aceptación puede generar muchos problemas de identidad, puede convertirte en esclavo del pesimismo, puede restarte

valor y estima personal, puede dificultarte la búsqueda de aprobación constantemente. Ello a su vez hace que confundas la lástima
con el amor. Hace que seas vulnerable a la manipulación. Y te impide ver y analizar las situaciones adversas a tu crecimiento personal.

En esos casos las personas evaden sus responsabilidades y no
asumen las acciones necesarias, quizás vivan siempre con un gran
rencor en contra de un miembro de su familia. Por lo general, escon-
den las verdaderas emociones, pueden no ser felices consigo mismos y necesitando de otros que muchas veces se convierten en
verdugos de su tranquilidad y, peor aun, controlan sus vidas de una
manera absurda. En tales situaciones el miedo al abandono y a no
ser aceptados los mantiene presos de esas relaciones abusivas.

La persona maltratada en su niñez tiene dos caminos para recha-
zarse: ser víctima o ser abusador. Sin embargo, a través de este libro
te ofrezco el GPSV que indica el «camino del vencedor». Este no es
cualquier camino, es un increíble trayecto diseñado contra accidentes. Aunque colisiones, podrás continuar, como en esos videojue-
gos en los que manejas un carro y, a pesar de salirse de la vía y de
tener cualquier cantidad de choques o accidentes, nuevamente te
pones sobre la pista como si nada hubiera ocurrido.

En efecto, el camino de la aceptación le permite a la persona
sobreponerse a los acontecimientos que han ocurrido en su vida
y, más aun, desarrollar el hábito de afrontar con aceptación cualquier circunstancia en el presente y en el futuro.

La aceptación —al igual que todos los pasos restantes en este
libro— está sujeta a Dios. Creo que nada se puede lograr si no
estamos atados a Él. Con Dios todo es posible. Si renunciamos a
lo que el mal quiere de nosotros, lo cual es destrucción, y empezamos a manejar dándole a Dios el control, saldremos adelante a
pesar de todo. Sabemos que no es fácil, pero es posible lograr el
cambio en la manera de vernos a nosotros mismos reconociendo
nuestras capacidades, utilizando activamente nuestras herramientas y conduciendo nuestra vida por un camino sano.

Considero importante que, desde niños, estemos conscientes
del significado de la aceptación. Por supuesto, eso no se aprende

sino se es instruido y si no hay quien nos lo enseñe. Lo vamos aprendiendo en el camino de la vida misma y con muchos tropiezos. A pesar de ello, no importa en qué etapa de tu vida te encuentres, siempre se puede empezar, siempre podemos aprender, siempre podemos perdonar y siempre podemos aceptar.

Al principio de este capítulo mencioné que una vez conocí a una niña con un entorno familiar disfuncional, en cuyo alrededor sucedían muchos acontecimientos fuera de control. Hoy en día sé que muchas de las cosas experimentadas en su infancia estaban basadas en la fragilidad de sus familiares, en la falta de aceptación de ellos mismos y debido a las circunstancias que les tocó vivir. Todo eso alimentó un mundo de confusión, de excesos, conduciéndolos a la falta de control emocional y, por ende, a la inestabilidad familiar.

Esa niña fui yo, y quizás pude haber escogido los dos caminos más próximos a mi propia destrucción: el de la victimización o el del victimario o abusador. Gracias a Dios no fue así.

Desde muy pequeña supe reconocer algo que desde el interior de mi ser me señalaba la existencia de otra fórmula diferente a la que conocía para saber vivir. Sin importar cuánto dolor pudiera sentir, sabía que había otro camino para sanar y más aun, para dejar todo eso en el pasado y no llevarlo conmigo por el resto de mi vida. Supe desde muy pequeña que al crecer quería formar una familia como todo ser humano merece, pero eso no llegaría solo, tenía que actuar para lograrlo y procurarlo.

Muchas veces pensamos que por haber pasado momentos difíciles e injustos deberíamos ser recompensados, y olvidamos dar el primer paso de acercamiento a la recompensa por nosotros mismos. Somos nosotros quienes debemos tomar la decisión de conducir nuestras vidas por otra vía y es allí cuando la recompensa a nuestras decisiones se verán reflejadas en nuestro camino.

Al saber casi instintivamente que existe otra vía, otro camino; al sentir que eso en el interior que he llamado GPS, nos dicta señales y direcciones debemos actuar reconociéndolas y siguiéndolas. Dios depositó en cada uno de nosotros herramientas para que actuemos a pesar de las limitaciones familiares, a pesar de las condiciones geográficas o culturales. Esas herramientas están allí, a pesar de todos y de todo.

No puedo decirte que es fácil, para mí no lo fue, pero es posible y no de la boca para afuera. Es posible desde el interior de tu ser, recorriendo toda tu mente y tu espíritu. Lo puedo decir con franqueza porque soy un testimonio real de que es posible. A través de mi relación con Dios todo ha sido y es posible. Tú como yo, podemos recibir los grandes beneficios al decidir tomar el camino del vencedor, la senda de la victoria.

Por eso hoy más que nunca he querido comunicar estas recomendaciones a otras personas urgidas por salir de donde están. Recuerda que no importa el tiempo en el que vives, ni la edad, ni tu cultura, ni tu idioma, solo necesitas reconocer lo que hay dentro de ti. Debes reconocer las herramientas depositadas por Dios en ti y solo en ti, porque como tú no hay dos iguales ni aunque seas gemelo. El primer gran paso para salir de donde estás y emprender el camino al que mereces llegar, es el de la *aceptación*. Claro, no debe faltar un componente vital, la humildad, que es la gasolina imprescindible para recorrer los kilómetros requeridos por este gran paso.

La humildad se puede convertir en la palabra más útil para ti. La humildad es fiel y puede cambiar el concepto que tienes de ti mismo y de los demás. Cuando te dijo que la aceptación debe venir con humildad, es porque cuando aceptamos lo vivido y los cambios necesarios tenemos que hacerlo sin arrogancia. Tampoco sufriendo, creyendo que al voltear la página en nuestras vidas todo se acaba.

Al pasar la página para continuar en nuestro andar hacia el crecimiento, debemos emplear una gran dosis de humildad y la mayor serenidad posible. Esto nos permitirá no solo rescatar las huellas del aprendizaje, sino también generar los mejores deseos para quienes tuvieron parte en ese pasado, proyectando una vida de paz y llena de propósitos para cambiar.

Por otra parte, la humildad te permite no solo sentir serenidad para lograr lo que pretendes, también te hace estar siempre agradecido a Dios por haber tomado el control de tu vida. Recuerda, tú conduces, pero Él es la vía, el camino y la gasolina para que puedas continuar.

La humildad te permite asumir la aceptación desde otra perspectiva en la que el tiempo juega un papel fundamental. Es necesario, para entender este concepto, saber la necesidad del tiempo para restaurar, sanar y lograr el cambio. La humildad te da capacidad para sacarle provecho a cada minuto, a cada hora y a cada día. Cuando eres humilde sientes que algo más grande está por encima de ti, por encima de tus propias fuerzas y de tus conocimientos. Gracias a la humildad se aprecia lo que se vive y se entiende de manera más profunda por qué se vive ese proceso, para obtener así el cambio tan anhelado.

La humildad nada tiene que ver con la pobreza. Se puede ser pobre y no ser humilde o se puede ser rico y ser muy humilde. La humildad no es baja autoestima; al contrario, es vivir y caminar en la verdad. Y cuando uno conoce la verdad, la baja o alta autoestima no existen, porque la autoestima personal se equilibra en la verdad.

La humildad es fuente de riqueza espiritual. Con ella se puede perseverar, se puede levantar cuando se es presa de agonías o tristezas. La humildad se conecta con el camino de la aceptación para entender y comprender los momentos que se viven. Como verás, la aceptación y la humildad van de la mano; una sin la otra no pueden existir.

La mayoría de las personas deseamos, en algún punto de nuestras vidas, dar un giro en la dirección que llevamos. Así que debes sentirte contento si este es tu caso, porque otros no se concientizan de la necesidad de girar; al contrario, temen la imposibilidad de lograr ese giro. El temor es uno de los grandes enemigos de la aceptación.

Con temor no hay cambios posibles por el simple hecho de que paraliza. Lo comparo con el hecho de que uno mismo se baje de su carro y pinche deliberadamente los neumáticos sin que nada en la calle causara ese incidente. El temor no está en frente de nosotros, peor aun, está dentro de nosotros y solo uno le da la libertad para apoderarse de toda nuestra conducta obstaculizando y frenando la acción.

El temor es uno de nuestros grandes enemigos y quiero reafirmarte este concepto para que lo grabes en tu mente y, si es necesario, escríbelo y colócalo en un lugar donde puedas siempre recordarlo y repasarlo. Repítelo cuantas veces sea necesario. Podemos pensar que este ejercicio no es importante porque entendemos el concepto y nos parece suficiente.

Sin embargo, debo decirte que muchos de los desaciertos de la humanidad son ocasionados por el ser humano, que impide la posibilidad de mejorar, de sanar o de convertir las circunstancias o los momentos en algo verdaderamente productivo por causa de la paralización cuando se desatan las consecuencias originadas por el temor.

Constantemente actuamos con temor, sin comprender la fuerza con la que impacta nuestra conducta y decisiones negativas. Si repasas las decisiones que has tomado en el pasado y haces un análisis de las mismas, encontrarás muchas de ellas apoyadas en el temor. El temor en muchas ocasiones se disfraza de una forma cautelosa dando la sensación de no estar envuelto en nuestras conciencias ni en nuestras acciones. El temor nos engaña porque actúa en nuestro interior debilitándonos y robándonos las fuerzas.

Conocí el temor desde muy pequeña pues vivía en mi casa y tenía paralizada a mi familia. El temor se convirtió en un ser activo en mi infancia y logré reconocer dónde se metía y dónde se escondía. Lo conozco perfectamente y sé que es un mal consejero, te quiere persuadir para que no veas ni encuentres la verdad. El temor te confunde y, por lo tanto, confunde tus acciones y sus consecuencias, las que por lo general son un caos.

La aceptación solo necesita de la humildad y de tu decisión. Debes dar este gran paso en tu vida, apartando todo aquello que impida a tu vehículo —es decir, a ti mismo—, colocarse en la búsqueda del camino más acertado para llegar a un destino. Si no lo tienes claro ahora que empiezas, lo irás descubriendo a través de este libro, que te ayudará a optimizar las señales proporcionadas por tu GPS, de modo que halles tu misión de vida y continúes tu andar sin temor.

Ah, se me olvidaba decirte... cuando relaté que de pequeña iba en un taxi con mi mamá y le pregunté de dónde venía y para qué estaba viva, ella, impresionada por mi pregunta. logró decirme con una voz angustiada: «Hija, Dios quiso que vivieras y solo Él sabe por qué y para qué estás viva. Te toca a ti descubrirlo».

¡Y a ti también te toca descubrirlo! En el peregrinaje de mi vida descubrí y aprendí un poco más cada día del significado de mi existencia y del porqué de la misma. Siempre supe que Dios no me abandonaba y pude continuar mi andar sin temor, porque Él tuvo el control. Eso me dio una gran seguridad y tranquilidad, sorprendiéndome a mí misma. Con la aceptación encontré el comienzo a mi nueva vida, la del cambio, del aprendizaje, del crecimiento y empecé a reconocer en verdad *La belleza de saber vivir*.

La aceptación es solo el primer paso, pero es uno que contribuirá a encender tu motivación para continuar y encontrar el camino pautado para ti, conduciéndote por el sendero más próspero para tu desarrollo y por el camino más seguro a la realización personal.

En el capítulo siguiente conocerás el significado del próximo paso: el enfoque. Una vez aprendido y ejercitado este primer paso de la aceptación, descubrirás que el segundo te llevará a un camino todavía más rápido, en el que identificarás con mayor claridad los obstáculos a vencer en tu futuro. Entenderás que con la visión clara y la paciencia necesaria, llegarás a superarlos porque tienes un propósito de vida que marca tu distancia y velocidad.

Si sientes necesidad de cambiar esa actitud negativa con la que vives, repite en voz audible las declaraciones que se encuentran a continuación. También puedes compartir estos consejos con alguna persona a quien quieras ayudar.

Declara:

Acepto que soy una creación de amor.
Acepto que Dios me ama hoy y siempre.
Acepto lo que no puedo cambiar de mi físico.
Acepto que no todos me aceptarán y me amarán.

Acepto las circunstancias de mi vida que no puedo cambiar.

Acepto el pasado, no me detengo, estoy en el presente.

Acepto y perdono a quien no me aceptó, ni me dio valor.

Acepto que no necesito compararme con nadie.

Acepto, oriento y guío a otros en el camino a la aceptación.

Acepto que tengo talentos, virtudes y capacidades como elementos únicos de mi belleza real, la cual no se desgasta ni se marchita, ni envejece, ni se enferma, ni muere porque permanece en los corazones de otros para embellecer sus vidas.

~

Amigo(a), escribe tu nombre en el espacio en blanco y repítete a ti mismo:

_____ sigue

_____ continúa

~

Ahora prepárate a reconocer cuál es la siguiente indicación que
marca tu GPS.

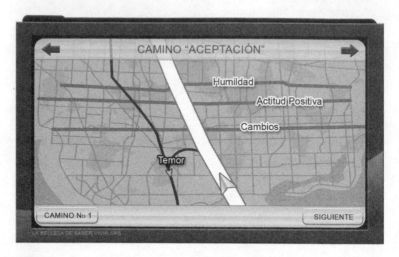

 Empiece por el camino «Aceptación» en dirección
norte.

 Proceda con precaución y evite la salida «Temor»
a la izquierda.

 Tome y recorra la calle «Cambios», y posteriormente la calle
«Actitud Positiva».

 Doble en la calle «Humildad» y recórrala.

 Regrese a la calle principal del camino «Aceptación», siga hacia el
norte en dirección a «Enfoque».

El enfoque

El transporte escolar estaba por llegar. Eran las 6:30 de la mañana y, por lo general, no se retrasaba. Los minutos seguían corriendo y mi mamá se preguntaba por qué el autobús de la escuela no llegaba. Seguramente en esos momentos estaría pensando que si no llegaba tendría que llevarme al colegio y eso la retrasaría para asistir a la grabación de la novela en la cual estaba trabajando para aquel entonces. Yo, deseando calmarla y para no preocuparla más por este hecho, le dije que mirara mis manos. Le dije que se imaginara que mi mano derecha era el autobús y que mi brazo izquierdo era la calle al frente de nuestro edificio. Le enseñé cómo —poniendo mi mano derecha al nivel de mi codo izquierdo y girando hacia la derecha sobre el brazo izquierdo—, yo hacía como si el autobús estuviese girando en ese mismo instante en la esquina hacia nuestra avenida. Continuando con mi mano derecha sobre el otro brazo, imaginando al autobús, le iba indicando a mi mamá que se estaba acercando a nosotros mi transporte, por lo tanto deberíamos prepararnos para salir del apartamento y bajar por el ascensor, porque en pocos minutos el chofer del autobús tocaría la bocina para alertarnos de su presencia en el portal del edificio.

Al mismo tiempo que con mis manos ejemplificaba al autobús, el verdadero transporte escolar se aproximaba sin saberlo yo, pues solo lo estaba imaginando. Cuando mis dos manos se toparon —y una estuvo encima de la otra— fue que le dije a mi mamá: «Ya el autobús llegó». Al mismo tiempo el ascensor se abría en la planta baja del edificio y, en ese preciso momento, salimos con premura oyendo con claridad la insistente bocina que sonaba el chofer para indicarnos su llegada.

Mi mamá y yo comenzamos a correr hacia la entrada del edificio y ella, en medio de lo apresurado del momento, me preguntó: «Hija ¿cómo lo supiste? ¡Parece que controlaras al autobús con tu mente!» Le contesté con mucha seguridad: «¡Mamá, me imaginé que lo controlaba y se convirtió en realidad!»

Imaginar y soñar es muy importante para mí porque cuando lo hago, vivo el momento, ocurra o no. Lo vivo como si fuese verdad, por eso estoy convencida de que cuando soñamos e imaginamos, necesitamos pensar en cosas verdaderamente productivas y beneficiosas, ya que allí todo nuestro entusiasmo participa y nuestra mente, como también el cuerpo, reacciona a esos pensamientos como verdaderos.

Lo interesante de eso es que muchas veces soñamos e imaginamos cosas que creemos que son beneficiosas y sin analizarlas mucho deseamos convertirlas en realidad. Eso puede ser peligroso porque entonces ponemos todo nuestro enfoque en esa idea y persistimos en ella sin entender con claridad cuáles pueden ser sus consecuencias.

Digamos que soñamos con el éxito y creo que lo soñamos con regularidad. Hay quien estudia y sueña con graduarse un día. Quien está enamorado de su pareja, sueña con formar una familia. Quien está frente a la posibilidad de firmar un contrato o cerrar una negociación, sueña con lograrla.

Todos los días, los seres humanos estamos soñando en pequeño y en grande y con situaciones no convenientes para nosotros mismos ni para los demás. A continuación tenemos el gran problema del hombre y sus sueños. En cuáles de ellos pone toda su energía.

Un día leí que tenemos aproximadamente sesenta mil pensamientos por día. ¡Es increíble la cantidad de pensamientos que se pueden pasear por nuestra mente! Y cada uno de ellos genera en nosotros una reacción positiva o negativa. La mayoría de esos pensamientos pudieran estar dedicados a un sueño en particular que deseamos convertir en realidad. Por eso piensa y medita en el mismo sueño muchas veces, lo ubica en diferentes etapas de la vida o en un tiempo determinado. El punto es que el sueño en sí mismo no se hace realidad fácilmente, en muchos casos solo se quedan en eso, en simples sueños. Por lo tanto, podemos perder tiempo y esfuerzo en una idea constante sin progreso alguno.

Por eso es necesario tener la visión para incorporarla al sueño. La visión consiste en ver por encima de las circunstancias presentes, extendiendo la mirada al futuro, imaginando las acciones que la misma persona u otras podrán realizar, para convertir los sueños en realidad.

La visión motiva a actuar de modo constante para que el sueño se haga realidad. Pero necesitamos otra palabra que juega un papel estelar, una palabra que hace que la visión no se empañe, de manera que no se pierdan ni las fuerzas ni la paciencia. Esa palabra es enfoque, un concepto indispensable para mantener la claridad en la acción que busca la realización del sueño.

Las aves, como el águila, tienen mucha visión. Se dice que pueden ver ocho veces más que los humanos, pero no necesitan enfoque como el hombre, porque su visión ya viene bien enfocada y está diseñada para lograr sus metas. El águila no pone en entredicho su capacidad, al contrario, sigue sus instintos sin preguntarse si logrará su objetivo pues este está en su visión y es, por lo tanto, su realidad. Aun cuando en la persecución de su presa pueda fracasar o hasta morir.

El éxito para la mayoría de las personas es el logro de las metas, alcanzar una condición, llegar a un destino u obtener cierto status. Pero, ¿qué pasa cuando esas metas no resultan en los logros esperados? Las personas sufren grandes decepciones, frustraciones y tristezas. En esos momentos se producen fuertes crisis que pueden resultar destructivas para la misma persona y sus familiares. A pesar de que la crisis en el antiguo mundo griego significaba decisión, en el tiempo actual se entiende como destrucción.

Sin embargo, el éxito en sí no debe ser visto como el final del camino, sino más bien como un trayecto, una forma de vivir. No se debe considerar como la satisfacción personal al obtener un objetivo, sino como el proceso que implica lograr dicho objetivo cumpliendo con la misión por la cual Dios te envió a este mundo. El éxito yace en uno mismo y todos los días. Por tanto, no esperes que el mundo te lo traiga; al contrario, vive con una actitud triunfal y compártela con otros.

Dios no nos hizo para que viviéramos en función de nuestras metas ni para que sufriéramos decepciones porque no se cumplieran. La realidad es que muchas metas en la vida sufren cambios, se retrasan o sencillamente no llegan al resultado esperado. Por tanto, lo conveniente es no establecer metas aisladas para lograr el éxito en relación a un sueño que se puede hacer o no realidad. Lo primordial es descubrir nuestro propósito en la vida para diseñar las metas, entendiendo los cambios y aceptándolos (como lo vimos en el primer capítulo), de manera que no solo las persigamos sino que cumplamos con dicho propósito.

Es así como dentro del propósito de vida podemos contemplar muchos sueños con múltiples metas, con la certeza de que si estas no se hacen realidad, tenemos siempre la opción de replantearlas dentro del contexto general, sin sufrir como cuando no conocemos nuestra misión.

El propósito de vida es la misión vital que traemos a este mundo, la cual nos enseña quiénes somos y por qué estamos aquí. Es el plan diseñado por Dios para cada uno de los seres humanos. Solo lo descubriremos si tenemos una relación estrecha con Él; en caso contrario, será imposible encontrarlo en nosotros mismos. Él nos creó y puso en todos una misión que cumplir. Él sabe cuál es y también conoce la razón por la cual te la dio. Por lo tanto, solo Dios puede ser tu punto de partida para comenzar tu camino, para que descubras tu misión en la vida. Tu proposito de vida está por encima de tus sueños, de tu visión, de tus éxitos o logros, de tu tranquilidad y hasta de tus seres queridos.

La diferencia entre tener metas o tener un propósito de vida es que este último te permite lograr el enfoque necesario para seguir adelante, aun cuando las metas sufran cambios o desaparezcan del mapa de tu vida. Con el uso del enfoque definimos con claridad las metas a alcanzar, sin perder de vista la misión de vida, logrando una ejecución más afinada para descubrir la verdad y la utilidad del objetivo planteado. Las águilas tienen como propósito de vida ser águilas pues para eso fueron creadas. Su visión es amplia y clara para lograr enfocarse en su presa y atraparla, consiguiendo así cumplir con su misión de sobrevivir en el reino animal.

En el plano humano te puedo dar el ejemplo de un estudiante de medicina cuyo sueño es convertirse en médico. Su visión, toda su vida, ha sido dedicarse a la medicina por encima de las circunstancias que tenga por delante y se ve a sí mismo lográndolo, por lo tanto se traza metas y analiza las acciones necesarias para hacer ese sueño realidad. El enfoque lo tiene claro, ya que reconoce que su propósito de vida es sanar, no necesariamente convertirse en el mejor médico de su país ni en el más reconocido en el plano científico, como era una de sus metas. Aun cuando estas no se hagan realidad, el galeno no sufrirá; por el contrario, podrá observar que posiblemente sus metas sean objeto de grandes cambios, los cuales se convertirán en sus mejores aliados, sin perder el enfoque en el propósito de vida.

Muchas veces nos cansamos de perseverar y queremos rendirnos por lo agotador del momento que vivimos pero, si continuamos enfocados, vamos a ver la realidad con mucha más claridad en comparación a cuando estamos cansados. Además, tendremos la capacidad de distinguir la verdad de la mentira y sostendremos nuestras alas en el vuelo como las águilas.

Si te enfocas bien, estarás preparado para la batalla de cada día, logrando una ejecución más nítida. Y aunque las metas sufran cambios imprevistos, no te afectarán de manera determinante; por el contrario, estarás listo para entenderlos de manera positiva. Así comprenderás que las crisis representan oportunidades para tomar nuevas decisiones. Por lo tanto, vas a disfrutar y vivir cada minuto de manera diferente, brindándole a cada etapa de tu vida el valor que mereces.

Al vivir todos los días con alegría, con perseverancia y con el enfoque adecuado, adoptarás la actitud necesaria para identificar lo que para mí ha sido una de mis herramientas más preciadas. Eso no es otra cosa que disfrutar de la construcción de cada meta día a día, como si se tratara de un ensayo de una obra de teatro. Aun sin haber ocurrido el estreno de la obra, la riqueza que da un ensayo, te permite evaluarte y hacerlo mejor que ayer. Por lo tanto, estarás mejor preparado cuando llegue el momento de subir el telón. «Alcanzar la meta no es llegar, lo importante es saber llegar a la meta».

En una oportunidad, cuando tenía doce años de edad, asistí a los ensayos de una obra de teatro en la cual mi mamá interpretó uno de los papeles principales. La obra se llama «Ardel o la Margarita» de Jean Anouille, su director fue Carlos Jiménez, a quien recuerdo con mucho cariño. Era argentino y había elegido nuestro país, Venezuela, para contribuir con el crecimiento del teatro, un sueño que logró con grandes éxitos.

En uno de los ensayos, en el que me encontraba como espectadora, vi al director preocupado porque no encontraba una actriz apropiada que interpretara el personaje de una niña de aproximadamente doce años. En ese momento se me ocurrió acercarme y, con mucha decisión, le dije: «¿Por qué no pruebas conmigo, Carlos?» Quedó impresionado por mi pregunta porque hasta ese momento nunca había mostrado interés por actuar y posteriormente tampoco. Sin embargo, me pareció interesante por lo menos hacer la prueba y ver qué se sentía al realizar esa interpretación. Además, tenía que usar trajes de época y me parecía súper divertido tener la oportunidad de interpretar a una niña de otro siglo.

Muchos pensaron que no podía ser yo quien pidiera esa oportunidad, aunque a mi mamá le fascinó la idea y me alentó a realizarla. Ese mismo día me leí unas líneas del personaje en la obra y practiqué hasta sentirme segura de decirlas frente al director en pleno escenario, donde por lo demás interpretaría en ese personaje a la hija de mi propia mamá. Cuando el director aceptó mi prueba y me dio la confirmación como la niña elegida para representar ese personaje, me sentí muy emocionada porque a mi corta edad podía tener una experiencia muy interesante.

Ese momento me dio la oportunidad de estar en frente de muchas personas que fueron a disfrutar la obra. Eso me pareció una extraordinaria vivencia, ya que deseaba experimentar la sensación novedosa de interpretar un personaje en el escenario de un teatro, donde tantas personas estarían viendo mi actuación.

Mi sueño era participar en esa obra de teatro y mi visión era estar enfrente de muchas personas con las cuales me comunicaría. Mi primera meta fue ser la elegida para interpretar ese personaje y después estudiar siguiendo al pie de la letra todas las indicaciones que me haría el director y, por supuesto, tomar en cuenta las recomendaciones de mi mamá. Mi enfoque fue hacerlo con mucha pasión y responsabilidad porque veía claramente que no solo se trataba de mí. Yo era parte de un elenco de actores donde nadie podía poner en riesgo la ejecución exitosa de la obra. Los retos fueron varios y disfruté muchísimo los constantes ensayos a pesar de tener poco tiempo para estudiar y cumplir con mis deberes escolares.

Sin embargo, esos ensayos me permitieron aprender mucho sobre el mundo de la actuación, por lo que cada día me daba cuenta de los avances con respecto al día anterior. Así comprendí la importancia de los ensayos para estar completamente preparada la noche del estreno. El verdadero reto o tropiezo para hacer realidad mi sueño fue el obstáculo creado por la entidad encargada de aprobar en ese entonces la posibilidad de que un menor de edad trabajara en una obra de teatro. Ellos se opusieron a mi participación a sabiendas de que mi madre lo aprobaba y daba su consentimiento como mi representante legal. En medio de esa polémica pensé que tal vez mi sueño no se haría realidad y me sentí muy desilusionada, como es lógico. Sin embargo, el haber ensayado tantos días y la experiencia de estar sobre un escenario representando a un personaje de aquella época con mi misma edad, había valido la pena. Me sentía agradecida por esa vivencia. Para mi sorpresa, unos días después de haber sido negada mi intervención en la obra de teatro, recibimos un comunicado por parte de la entidad del menor en la que se autorizaba mi actuación solo los fines de semana. Así lo hice por un corto tiempo y esto me brindó la oportunidad de disfrutar mi sueño hecho realidad.

En tu GPS verás reflejada la necesidad de buscar el camino de los sueños, pero recuerda que ese camino tendrá muchas dificultades, barreras y obstáculos y te tocará buscar la forma de superarlos. Por eso, en esta guía práctica para saber vivir te recomiendo llevar tus sueños al plano de tu propósito de vida para que obtengas el beneficio del enfoque el cual es claro, verdadero y duradero. No obstante, hay algo indispensable para continuar por ese camino y es la paciencia. Esta palabra llena de tantas bendiciones la utilizamos muchas veces con incredulidad, pensando en que no hay más remedio sino esperar que el tiempo pase; lo importante es que ese tiempo pondrá las cosas en su lugar. Si consideramos eso, estaremos mejor preparados para enfrentar los momentos futuros. También con el buen uso de la paciencia conseguimos resultados mucho más beneficiosos de lo que esperábamos o soñábamos.

Establecer metas y enfocarse en las mismas requiere paciencia para hacerlo más acertadamente y cometer menos errores. La vida misma es una constante edificación que pasa por muchos cambios en el diseño y en los tiempos de ejecución, ya que a veces escasean los materiales necesarios para terminar la obra. Esos materiales son los que le van a dar forma a nuestro carácter, para afrontar las circunstancias que siempre van a estar esperándonos. Ellas nunca fallan, los que fallamos somos nosotros al enfrentarlas.

El tiempo, por su parte, marca etapas llenas de pasos que no podemos saltar. Solo da un paso a la vez y el tiempo que necesites para hacerlo te dará la confianza necesaria para seguir. Otras veces la vida nos pone a esperar para poder dar el siguiente paso. Te has preguntado alguna vez por qué te pasa algo. Yo lo he hecho muchas veces y ¿sabes?, obtuve finalmente la respuesta en la palabra paciencia.

Dios tiene paciencia, pero el hombre carece de ella, por eso es tan importante pedirle que nos suministre la paciencia necesaria, para saber asumir el tiempo y lo que implica la aceptación, sin perder el enfoque en nuestro propósito de vida. Cuando nos damos cuenta de que no controlamos el tiempo y que no podemos depender de las circunstancias, es muy importante que seamos conscientes para así decidir a quién le vamos a dar el control de nuestras vidas, para seguir trabajando en ella. Somos los constructores de nuestra vida, no los diseñadores, el arquitecto es Dios y Él sí sabe en qué consiste su diseño y para qué y por qué lo creó. Mi consejo es que debemos prestarle mayor atención a sus indicaciones para saber reconocer el propósito de vida asignado a cada persona, manteniendo siempre el enfoque necesario para perseverar en la visión y en la batalla diaria que implica la existencia misma.

No se logra un enfoque adecuado si no se tiene un propósito de vida. Recuerda que tu GPS trae las direcciones para encontrar el camino del bien alejándote de la senda del mal y aunque caigas, siempre el camino del bien estará allí, como una opción. Tú eres, definitivamente, quien decide por dónde quieres seguir caminando.

Cuando hablamos de sueños nunca pensamos que algunos momentos estelares llegan a la vida de las personas sin siquiera haberlos soñado o imaginado. Te comento esto porque, aunque parezca paradójico, nunca quise ser reina de belleza; al contrario, era algo opuesto a mis sueños. Yo estaba totalmente en desacuerdo con este tipo de concursos, pues me parecía que en vez de darle beneficios a las jóvenes concursantes, les restaba credibilidad a sus capacidades como mujeres inteligentes. Pensaba que en esos certámenes la apariencia física era la dueña de la gloria, dejando a un lado la personalidad, el carácter y las bondades internas de las participantes.

Claro que nuestro aspecto físico viene con nosotros desde que nacemos y en ello no ponemos ningún esfuerzo personal. Entendía perfectamente que era solo un programa televisivo muy entretenido y esperado especialmente en los países latinos, como en el caso del Miss Venezuela. A pesar de ser solo un programa, me preocupaba —dado el alto rating o audiencia— que pudiera llegar a las mentes de las jóvenes espectadoras un mensaje equivocado, en el que se colocaba el aspecto físico de la mujer como la bandera imprescindible para ser exitosa en la vida.

Realmente me aburría mucho ver este programa, en cambio mi mamá lo veía con mucho agrado, al igual que muchas personas en mi amada Venezuela. La noche del certamen prácticamente se paralizaba el país entero, siendo la emisión del programa una oportunidad para reunirse en familia y con los amigos. Era costumbre juntarse a cenar mientras se disfrutaba de la elección de la mujer más bella del país.

Al día siguiente todos los medios de prensa, radio y el canal de televisión que transmitía el programa comentaban sobre la joven portadora de la banda y la corona de Miss Venezuela. Por muchos días en mi país la gente no hablaba de otro tema que no fuera si la candidata ganadora era la preferida de la prensa, del público, o si tuvo que haber ganado otra. La prensa hacía conjeturas sobre los jueces, si habían sido partidarios de una candidata en especial, por lo que habrían ocurrido injusticias en la elección. Se comentaba también si la reina estaría lista para asumir su posición como representante de la belleza nacional, para alcanzar otras coronas en el exterior, etc. Al ser una competencia de belleza, la gente solo hacía sus comentarios en referencia al físico de la ganadora y poco se escuchaba de quién era en verdad esa joven reina, que tenía la misión de ser durante un año la exponente de la belleza en la nación. Siempre pensé que a este tipo de concursos le quedaba poco tiempo, creía que las personas, en especial las mujeres, lucharían para no ser consideradas exitosas por ser bellas y que, por lo tanto, no tendría mucho éxito en los futuros años las transmisiones de estos programas.

Qué equivocación más grande la mía cuando, en los años ochenta, pensaba que en la década siguiente ya no se transmitirían más. Ya vamos casi por el final de la primera década del siglo 21 y esos certámenes siguen siendo exitosos. Son un símbolo de éxito para las personas que participan buscando una oportunidad para sobresalir logrando el título de belleza y, en muchos casos, quedándose relacionadas con el mundo del espectáculo.

Mi caso fue increíble ya que a pesar de ser invitada a participar por cinco años seguidos en el Miss Venezuela, siempre me negaba categóricamente diciendo que eso no era para mí. Yo tenía otros sueños en los que ese tipo de concursos no tenían cabida porque no era una de mis metas. Siempre puse por delante la excusa de que estaba estudiando publicidad y mercadeo y al mismo tiempo trabajando, por lo tanto no había espacio en mi vida para involucrarme en este tipo de eventos. Además, no significaban nada para mí. Manifestaba mi negativa con tanta seguridad y diciendo muy convencida: «Nunca seré Miss Venezuela», que el comentario salió publicado con foto y todo, en la portada de una de las revistas más populares de aquella época en mi país.

Los años pasaron y siempre, en la etapa cercana al concurso, me volvían a preguntar si ya estaba decidida a participar, y nuevamente daba una negativa. Mis amigos y conocidos me alentaban a cambiar mi decisión porque veían en mí la posibilidad de ganar aunque yo no veía nada por falta de interés. Te confieso que a esas alturas sentía mayor rechazo al concurso, al punto que me desagradaba cuando me lo mencionaban. Mi mamá respetaba mi posición y mi esposo —mi novio en ese entonces— me decía que cual fuese mi decisión me apoyaría en todo, y así fue siempre, hasta ahora me ha apoyado.

Te parecerá increíble pero, en 1986, todo se movía alrededor de mí, como para que cambiara mi parecer y tomara la decisión de inscribirme en el certamen. Mi sueño para aquel entonces era llegar a ser una publicista destacada y promover novedosas campañas publicitarias que no destacasen lo sensual y lo banal, sino más bien resaltaran las propiedades del producto promocionado. Tenía muchas metas, entre ellas terminar mis estudios con buenas notas y trabajar durante el día para asistir a clases en las noches. Esa era mi rutina ya que consideraba la posibilidad de acumular experiencia antes de terminar mi carrera, de modo que una vez con el título en la mano sería más fácil iniciar mi profesión. Como todos saben, a los recién graduados en el campo publicitario se les requiere experiencia para comenzar a ejercer, caso contrario a otras carreras, en las que un joven con su título universitario —por lo general— encuentra mejores oportunidades en el espectro laboral sin requerirle experiencia previa.

Soñaba con ser una gran publicista, relacionarme en alguna forma con los medios de comunicación trabajando, produciendo y transmitiendo mensajes positivos. Mis metas eran estudiar y trabajar para hacer realidad mis sueños. Sin embargo, carecía de un propósito en mi vida porque no pensaba que lo necesitaba. Ese era un concepto que no conocía ni entendía como hoy.

No obstante, mi GPS interno me indicaba y yo reconocía la señal. Eso me animaba a conducirme por una vía donde mi comunicación en el desempeño personal y profesional fuera de excelencia y no por los demás, ya que para mí era vital transmitir siempre un mensaje positivo.

Mi enfoque era claro porque me veía a mí misma conduciéndome en actividades y situaciones buenas, verdaderas y productivas para mi crecimiento personal. Por lo tanto no había cabida, según mi punto de vista, para un concurso de belleza. Esa meta era incompatible con el logro de mis sueños. No veía en ella el medio para transmitir mensajes positivos.

Esa fue mi equivocación pues, en efecto, el concurso es un medio por el que se puede transmitir mensajes tanto positivos como negativos y mucho más si tienes la oportunidad de ser coronada. Todos los medios de comunicación están a disposición de la ganadora y le dan la oportunidad de emitir mensajes que proyecten durante todo un año una nueva imagen, y esto podía cambiar la idea de que una reina de belleza es mucho más que sus atributos físicos. Esto último me lo hizo ver el presidente de la compañía de publicidad con la cual trabajé en aquellos años. En ese entonces me dijo, tratando de convencerme de que no desperdiciara la enorme plataforma que representaba el concurso, ya que sabía mi deseo de conocer y aprender más sobre la carrera que había elegido: la publicidad.

También me dijo que así tendría la opción de experimentar con el proceso para convertirme en una imagen pública o quizás en una forma de producto publicitario en mí misma y, por lo tanto, sería para mí una gran oportunidad para ponerme a prueba en esa circunstancia tan especial, dando rienda suelta a mi visión. Según su opinión, podría cambiar la imagen preconcebida de las concursantes de ese tipo de eventos, dando un mensaje diferente, renovador, que sería captado por el público. No son las circunstancias las que necesariamente generan cambios en uno; con la ayuda de Dios, debemos conseguir el cambio en medio de las circunstancias.

¿Qué te parece? Participé en el concurso como un reto para cambiar la imagen de las reinas de belleza. Esto, no te puedo mentir, me proporcionó al final de todo mucha ilusión. Fue para mí un gran honor representar a la mujer de mi país en el exterior y más aun ganar el Miss Universo en 1986, convirtiéndome entonces en representante de la mujer latinoamericana. ¡Más no pude pedir! Definitivamente fue una gran bendición y siempre le he agradecido a Dios por haberme permitido estar en esa posición.

Sin embargo, no es llegar a la meta, es saber llegar. Nunca perdí el enfoque en mi visión, mantuve muy claro mi concepto de la acción, con responsabilidad en el trabajo y en las circunstancias que me tocaron vivir, tratando siempre de dar lo mejor frente al público y a los medios de comunicación. Al ser reconocida como persona pública desde el momento de mi coronación, quise estar consciente de la verdad de los hechos, apartándolos de la mentira que puede significar la fama. Puesto que me conocían por provenir de una familia del mundo artístico, ahora me conocerían por ser yo la protagonista de mi propia historia.

Cuando te digo que no tenía un propósito de vida es porque no estaba clara para aquel entonces de ese concepto y, por lo tanto, ignoraba algo vital. El propósito de vida es la misión general de uno en este mundo, es la respuesta a las distintas preguntas que uno se plantea miles de veces en diferentes etapas de la existencia como: ¿Para qué y por qué estoy aquí en la tierra? Yo, en particular, me preguntaba cómo podía ser útil a otros en el plano de las comunicaciones, que es lo que siempre me ha interesado. Por muchos años me hice siempre la misma pregunta: ¿Por qué viví la experiencia de ser Miss Universo si en el fondo nunca quise serlo? ¿Por qué Dios me puso en esa situación?

Y, aunque fue fantástico y excepcional, me seguía preguntando: ¿Qué significado tiene en verdad esta experiencia para el desarrollo de mi vida? ¿Qué busca Dios con esto? Nunca soñé ni perseguí esa oportunidad, Él la puso delante de mí. Y, por lo tanto, la respuesta la encontré en mi relación con Dios. Por eso, a medida que leas esta obra, irás entendiendo mi proceso en esta relación y cómo comprendí la existencia de mi propósito de vida. Fui descubriendo mi propósito a medida que mi enfoque se hacía más claro, puesto que crecía mi relación con Dios.

Muchas veces comparo la harina con nosotros los seres humanos, por la cantidad de minúsculas partículas que la componen. Estos elementos que no pueden hacer nada por sí solos, pero al ser mezclados con agua adquieren la consistencia para lo que fueron creadas. Es igual con los granos de café... solos no producen la delicia de un rico café caliente. Tienen que ser mezclados con agua, y solo entonces obtenemos y disfrutamos el producto final.

Los seres humanos necesitamos «mezclarnos» con Dios y tener una relación estrecha con él, en la que nos convertiremos en uno con Dios. Cuando eso ocurre es que logramos producir lo mejor de cada uno de nosotros, aclarándose todas las dudas sobre el por qué existimos y para qué. No importa cuántas preguntas te hagas, lo importante es que busques las respuestas y no te quedes en la ignorancia. Necesitas conocer y vivir la gran experiencia de mezclar tu vida con Dios.

Muchas personas piensan que no deberían cuestionar el por qué de su existencia. Sin embargo, te puedo decir que es muy importante aclarar esas dudas, de manera que nos motivemos a encontrar las respuestas. Dios quiere que te hagas esas preguntas, por eso puso en nuestro interior esa interrogante —nuestro GPS— pero también colocó la respuesta indicando el camino a seguir.

No significa que sea fácil solo por tener ese GPS interior, es difícil entender que está allí y lo conveniente del camino que tenemos por delante. Cualesquiera sean nuestras ideas, el camino sigue estando allí, le demos importancia o mostremos indiferencia, encendamos el GPS o no, sigue estando presente.

Usamos el GPS en nuestros automóviles para saber cómo llegar de la forma más segura y rápida a nuestro destino. Aunque sepamos la dirección, a veces queremos intentar una nueva y mejor manera de llegar a ese lugar. Queremos aprovechar nuestro tiempo y no estar perdidos buscando el camino creyendo conocerlo y asegurándonos que es como nosotros decimos.

Por lo general, pensamos que para llegar a un destino en nuestras vidas, solo necesitamos la información almacenada en nuestro pensamiento. Dicha información ha sido aprendida, o bien porque nos la enseñaron otros o bien por nuestra propia creatividad; o porque la dilucidamos de la manera más conveniente para llegar al lugar deseado o porque concluimos con la fórmula aparentemente perfecta para nosotros.

Confiamos en nuestras propias ideas, en los conocimientos adquiridos, en nuestra forma de ser, en lo que sentimos y en lo que otros dicen y viven. ¿Te has puesto a reflexionar alguna vez qué pensará Dios de lo que crees? ¿Has sentido alguna vez la necesidad de compartir con Él tus ideas, tus conocimientos, tu forma de ser, tus sentimientos y lo que has visto en los demás? ¿Le has preguntado por qué existes? ¿O solo te has hecho a ti mismo la pregunta esperando que alguien te responda?

Muchas personas te podrán responder, pero nunca sabrás la verdad a menos que dirijas las preguntas a quien te creó y a quien tiene la razón de por qué pensó en ti para vivir algo especial aquí en la tierra. Tú y yo tenemos un por qué. Por tanto, es importante saber qué implica esa pregunta. Es probable que la respuesta le dé claridad a tu existencia, de manera que puedas transitar con seguridad por el camino más conveniente a una realización total de tu misión o propósito de vida.

Dios contesta tus preguntas. Él es la vía para darte el conocimiento. No tengas reservas para preguntarle las veces que quieras. No olvides que se trata de tu vida y que solo tienes una. Por lo tanto, no podemos desperdiciar el tiempo que se nos ha dado pues se va muy rápido. Cada vez más oyes a las personas —y a uno mismo—comentar sobre el rápido pasar del día o de la semana, incluso del año. Hay momentos en que me parece imposible que estemos en el año 2009 y me pregunto: ¿Seré solo yo quien lo ve pasar tan rápido en comparación con los demás?

Al preguntarles a otros, por lo general, me dicen que también les ocurre lo mismo. Las respuestas se orientan a señalarnos la rapidez de la vida, lo muy ocupados que estamos, el exceso de responsabilidades. Hoy día necesitamos trabajar mucho para producir lo mismo que se producía antes y así una cantidad inmensa de respuestas nos ilustran por qué el tiempo pasa tan rápido. ¿Estaremos apurados por vivir? o ¿Será la vida misma que nos vive y nos resta el tiempo cada día para que no nos quede tan siquiera un minuto en el cual podamos descubrir la belleza de lo que somos?

Hace poco vi en la televisión española un programa en el que se transmitía una entrevista a un personaje del mundo de las letras en España, autora de muchos libros, quien hacía un análisis de su vida y de su trayectoria. Lo más importante de su entrevista fue cuando comentó que toda su vida había sido atea y ahora, en su vejez, se había dado cuenta del tiempo perdido, por no haber creído en lo absolutamente imposible de no creer: en Dios. Ella comentaba: «Ser ateo es lo opuesto a estar vivo». Por ello consideraba que la mayor parte de su vida la había pasado más muerta que viva. Recuerdo su conclusión: «Desearía ser joven para empezar a vivir».

Esa entrevista me impresionó porque, como ella, muchas personas viven muertas, sin el significado de lo que es vivir, sin la ambición de conocer su propósito de vida o su misión y, peor aun, sin saber que estos existen. Por otra parte, sentí mucha tranquilidad con su comentario, pensé en su reflexión y me dije a mí misma: «¡Qué bueno que al fin se dio cuenta!»

No importa a qué altura de tu vida lo hagas, lo importante es hacerlo; por supuesto, cuanto más rápido sea, muchísimo mejor porque sentirás que vives. ¡Te has puesto a pensar cuántas personas se van de este mundo sin conocer esa verdad, sin haber experimentado su propósito de vida por haber confiado en sus propias ideas o en las de otros? Es lamentable observar a tantos individuos que por carecer del enfoque —con el que hubieran reconocido la verdad de sus decisiones—, en muchos casos alteraron dicha visión, no solo por estar desenfocados sino también porque fueron atacados por el peor de los males: el temor. Este es un mal que no te deja descubrir la verdad y, peor aun, es terrible ya que te enferma y paraliza tu GPS.

El temor, enemigo del enfoque

El enfoque tiene un gran enemigo que impide que la persona identifique con claridad su visión y mucho menos logre encontrar o seguir su propósito de vida o su misión, y es el temor. Es común ver el anhelo de una persona por lograr algo positivo en su vida y a pesar de ser beneficioso para sí misma, no va detrás de ello por temor a no conseguirlo. Si comprendiera que al no hacer ningún intento por lograr su visión, se está asegurando el fracaso de la misma, cambiaría inmediatamente su manera de pensar. Esto hace que su visión quede empañada o tal vez paralizada para actuar, por lo tanto vuelve al comienzo quedándose tal anhelo en tan solo un sueño, el que podrá permanecer eternamente como una ilusión.

Muchas veces no entendemos el significado del fracaso en sí mismo, no vemos nada bueno y damos por sentado que después de él no hay nada más. El fracaso es una oportunidad para aprender a utilizar las herramientas existentes en uno mismo o las que necesitamos adquirir, para así emprender el camino nuevamente y conseguir el éxito alcanzando la visión. El águila, como señalé en páginas anteriores, no le da importancia al fracaso; por el contrario, le es indiferente ya que el hecho de no conseguir su presa al primer intento lo prepara para ver con un mejor enfoque la posibilidad de lograrlo en el segundo.

Esa ave, en vez de conformarse o paralizarse, estudia instintivamente otras estrategias para volar de modo que obtenga lo que aspira, y es muy importante pues la presa es su comida. Y esta le permitirá seguir viviendo y no solo eso, también obtendrá las fuerzas para seguir volando y cazando hasta su muerte. El águila no quiere vivir nada más, quiere vivir con todo su potencial al máximo, cumpliendo sin temor su misión de vida.

Recuerdo perfectamente cuando estaba aprendiendo a montar bicicleta. Eso fue aproximadamente a los catorce años, un poco tarde para el común de los niños que aprenden a menor edad. Tuve mi triciclo que, por supuesto, era muy fácil de manejar. Sin embargo, la bicicleta me parecía súper difícil y por alguna razón que no tengo muy clara en mi memoria, fui posponiendo el hecho de siquiera intentarlo. Por eso seguramente me atacó el terrible temor, sintiendo y pensando que en cualquier momento me pudiese caer de la bicicleta. ¿Y quién no se ha caído de una bicicleta? ¿Quién no tiene una marca o le quedó alguna lesión cuando aprendía a montarla? Creo que todos los que aprenden a montar también aprenden a caerse, para no lastimarse ni sufrir un daño mayor la próxima vez que lo intenten.

Tenemos que aprender a caernos mejor; o sea, que debemos estar preparados para estas inevitables caídas. Vamos a fallar una o quizás muchas veces para alcanzar las metas propuestas, pero lo importante es no quedarse con el sabor amargo de no intentarlo de nuevo. En segundo lugar, necesitamos aprender a caernos con la sabiduría de un niño, que no le importa cuántas veces caiga, se vuelve a subir a su bicicleta y continúa con su vivencia. No dudo que le dolerá cada caída, pero los niños tienen la habilidad de disminuir el dolor que sienten o restarle importancia, para continuar en el afán de jugar y no parar.

Y esto es precisamente lo que quiero resaltar: la vida es un juego constante en el que ganamos unas y perdemos otras. No se nos puede olvidar que debemos reír y disfrutar como los niños. El hecho de que el niño se ría de sí mismo cuando se cae o hasta con las lágrimas en los ojos por el dolor, te dice que desea volverse a montar en su bicicleta para intentar de nuevo combatir al temor.

Yo no tuve la experiencia —como cualquier otra niña— después de una aparatosa caída en bicicleta de expresar que lo quería intentar de nuevo. El día que estaba aprendiendo a montar una, me encontraba con mis dos primas maternas, que son menores que yo.

Ellas, que ya manejaban sus bicicletas a toda velocidad, me daban consejos y me estimulaban a perder el miedo. Me imagino que, a pesar de ser tan pequeñas, estaban impresionadas al ver en mi cara el reflejo de un gran temor. Yo estaba aterrorizada, y seguramente pálida, el gran día que debía haber tenido el placer de aprender a montar bicicleta y no el horror en el cual se me convirtió.

Ese día no utilicé mi visión, y mucho menos el enfoque, para entender y ver con claridad que las caídas eran parte del proceso para transformar mi sueño en realidad. Ese día utilicé el temor y lo puse en el lugar de la visión, por lo tanto no me dejó ver. Necesitaba aprender las estrategias para montar y sostenerme en la bicicleta, de modo que la confianza se diera en la medida en que me caía y me levantaba de nuevo. Eso se convertiría con el tiempo en parte de la práctica de montar bicicleta, hasta lograr que las caídas fueran cada vez menos, sin olvidar que seguramente al día siguiente o cualquier otro día me pudiese caer de nuevo. Pero, ¿por qué pensar con temor en lo que pudiese pasar? Necesariamente debemos concentrarnos en el presente, disfrutando y viviendo la vida antes de que «el temor te robe vida».

La realidad es que yo ese día no tenía ninguna visión de aprender a montar bicicleta con éxito. A partir de ese momento me entregué a la idea de fracasar en todos los intentos. Por lo tanto, eso fue lo que dispuse para mí y, como si fuera la sentencia de un juez, lo convertí en un dictamen. Hoy por hoy no monto bicicleta ya que nunca pude quitar de mi mente el temor. Ese temor de caerme cuantas veces lo intentara. Y, por supuesto, de adulta he utilizado la excusa de que debo proteger mi físico pues utilizo mi imagen para mi trabajo y no puedo darme el lujo de sufrir ninguna caída que pueda producirme una lesión.

Simples excusas y te lo confieso porque, aunque no monto bicicleta, sí salgo a correr, y corriendo también podemos sufrir lesiones. Las he sufrido y muchas, pero nunca he dejado al temor involucrarse en esa actividad que me encanta y que me da tantas satisfacciones, a pesar de las posibles caídas. En eso no pienso, solo soy precavida en la forma de actuar, logrando hacerlo de una manera apropiada para que en la oportunidad que tenga para correr mi cuerpo sufra lo menos posible. Así intento realizar una actividad productiva y saludable para mi cuerpo y mi mente, y la disfruto enormemente, como una niña lo haría.

Es probable que pienses que no todos somos aptos para montar bicicleta o para hacer cualquier otro deporte, y es verdad. Cada individuo tiene ciertas destrezas que sobresalen y algunos son mejores deportistas que otros. También hay personas con impedimentos físicos que, a pesar de su disposición para realizar una actividad en particular, algunas veces no pueden lograrlo. Todo eso es cierto, pero en mi caso es probable que haya dicho que montar bicicleta era algo que no me gustaba, quizás dije que no me atraía, pero todo eso era temor. En realidad, si algo puedo decir es que nunca pude comprobar si me hubiera gustado aprenderlo o, por el contrario, después de intentarlo, entender que quizás no contaba con las destrezas para ello.

Hoy día, donde vivo en la Florida, veo a muchas personas practicar el ciclismo. Pienso que hubiera sido de gran beneficio para mí montar bicicleta con toda mi familia ya que todos saben hacerlo mientras yo me quedo con unos enormes deseos de haberlo aprendido. Muchas veces el temor nos priva de las oportunidades que la vida nos ofrece en diferentes etapas. El temor nos roba el disfrute, nos desalienta y nos paraliza. El temor, al decretarlo como parte de nosotros en algún aspecto de nuestra vida, se intensifica con los años y se retroalimenta cuando lo seguimos utilizando convirtiéndolo en un hábito. El temor se apodera poco a poco de todas las otras partes de nuestro cuerpo, mente y espíritu, asfixiándonos sin que nos percatemos de su presencia. No lo vemos, solo lo sentimos, hasta que llega a paralizarnos.

A modo de broma te cuento que lo único que he podido practicar ha sido la bicicleta estática. Como no se desplaza, no temo caerme. Pero la vida no se paraliza ni permanece estática, ella continúa y uno necesita seguir acostumbrándose a los cambios, a las caídas, a los golpes, a los tropiezos. Todo esto es parte del aprendizaje necesario para seguir nuestro camino con la sabiduría aprendida en esos percances.

No olvides que el fracaso se disfraza de temor, pero tras él hay una gran oportunidad. Más aun, si tienes un propósito de vida con la claridad que solo te brinda el enfoque, eso te mantiene activo para trazar y alcanzar las metas, aunque cambien, no resulten o simplemente fracasen. Tu andar no se paralizará. Por el contrario, continuarás tu camino con mayor confianza, utilizando el aprendizaje, permitiéndote una mejor preparación para enfrentar los próximos retos.

Obviamente, el éxito no es ausencia de fracaso. Es decidirnos a no darnos por vencidos porque «los que se detienen nunca ganan y los que ganan nunca se detienen». Nuestros temores nos llevan a autoprotegernos del fracaso, alejándonos de la maravillosa oportunidad de aprender. Es el miedo al fracaso y no el fracaso en sí mismo, el que deja lisiadas a las personas. Ese miedo puede matar tus esfuerzos y hará que el éxito luzca imposible.

El temor a la crítica o al rechazo es también otro factor frecuentemente inmovilizante, y muy ligado a la necesidad de aceptación social. La gente en estos casos hará grandes esfuerzos por adaptar su modo de ser o su conducta, evitando la crítica de otras personas. Si uno mismo destruye sus cualidades individuales tratando de cubrirlas o adaptándose a otros, liquida su propia esencia, su creatividad, su iniciativa y la autoestima, todas estas fundamentales para lograr las metas.

El temor a lo desconocido es otro elemento que nos aleja del éxito. Muchas veces la necesidad de sentirnos seguros y de dominar el terreno a pisar nos impide correr determinados riesgos. Y esto nos puede llevar a situaciones en las que no sabemos qué va a suceder. Nuestro temor a lo que vaya o no vaya a suceder, tal vez no nos deje hacer aquellas cosas importantes y vitales, impidiendo entonces la realización de los hechos esperados.

Hay otra condición mental cuyas raíces se arraigan en el temor, y es la preocupación. Por más sutiles que sean tus preocupaciones, gradualmente se apoderaran de tu mente hasta que neutralicen tu iniciativa, tu confianza en ti mismo y tu capacidad para razonar. Preocuparse es, por lo general, el ejercicio tóxico más común. Este ejercicio carece de sensatez ya que no le produce nada beneficioso a nuestro organismo; por el contrario, marca el principio de muchas enfermedades.

Como la preocupación emerge del temor —y este es una emoción—, se puede controlar mentalmente tomando decisiones y llevándolas a la práctica con mucha persistencia, rapidez y, sobre todo, determinación. En mi caso, tengo una absoluta fe en Dios, me esfuerzo por seguir su plan, lo que significa dejarle todas las preocupaciones a sus pies en forma de cajita. Él las puede transformar convirtiéndolas en bendiciones, en cambio yo con ellas lo único que puedo lograr es mantenerme angustiada. He aprendido a poner el tema de las preocupaciones a otro nivel en mi vida, aun cuando las situaciones difíciles sean una prioridad. La ansiedad, los cambios de carácter u otro efecto que produzca la preocupación ya no me afectan como antes y lo más impresionante es que nadie advierte el momento tan difícil por el cual atravieso.

No se trata de esconder los problemas, se trata de no sobredimensionarlos en forma alarmante, como solemos hacer. Al contrario, procuro estar más alerta a las preocupaciones de otros. Cuando me han sucedido circunstancias preocupantes, he podido darle una mano a otros que viven el mismo problema o se encuentran en situaciones parecidas. A las preocupaciones le tenemos que dar necesariamente otro enfoque para entender la manera como vamos a solucionarlas. Sin la calma necesaria, que nos roba la angustia misma o el temor, no evaluamos la situación con un enfoque claro. Es necesario tomar las medidas prudentes para adelantarnos a reconocer las posibles consecuencias de determinado problema, procurando no postergar la búsqueda de las soluciones, sin ser frenados por el temor.

Si bien la preocupación nace del temor —como ya mencioné—, de la preocupación puede nacer la frustración como consecuencia de no satisfacer nuestros deseos, o de no lograr el éxito en las metas por las que nos hemos esmerado y consideramos merecer. La frustración le roba el puesto que le corresponde a la aceptación. Hoy día vivimos en un mundo que cambia constantemente, donde los sobrecogedores sentimientos de frustración pueden limitar nuestros logros y el potencial de nuestro desarrollo personal. Peor aun, la frustración puede convertirse en una lamentable actitud de vida, la cual podemos llevar a todos los planos de nuestra existencia.

Cuando tengamos una sensación de frustración, lo primero por hacer es despedirla de su función lo más rápido posible y llenar ese espacio con lo aprendido en el capítulo de la aceptación. Luego necesitamos revisar la misión de vida propia o la de la empresa donde uno se encuentre trabajando, ya que a pesar de que no se vea realizado el sueño específico, encontrará argumentos importantes para detener el efecto negativo de la falta de resultados en un momento dado, sin llegar a lamentaciones mayores. Esto no quiere decir que no se pueda buscar otra oportunidad, pero si no existiera otro chance, lo importante es volver a repasar la visión, el propósito de vida y el enfoque necesario para ver las cosas con claridad.

El enfoque bien conducido te va a permitir distinguir la verdad de la mentira y en la medida que lo practiques lo convertirás en un hábito. Con esto vas a lograr mayor claridad en la visión y en el propósito de vida. Cuando eso ocurre, el sueño deseado puede desaparecer sin afectar tu vida, logrando distanciar de ti el daño que te dejaría la aparición del temor y las consecuencias negativas aportadas por la preocupación y la frustración.

El temor llega a inhibirnos únicamente cuando le permitimos controlar nuestra vida, al grado de provocar inactividad e indecisión. Muchos temores, por lo general, carecen de fundamento. Creemos que el objeto de nuestro temor puede dañarnos más de lo pensado. El verdadero daño proviene del temor en sí. Por eso es importante analizar a quién o a qué se le teme, por si sucede aquello que tememos, entonces estar conscientes y adoptar la actitud de confianza requerida para enfrentar y controlar la situación. Por ejemplo, es razonable tener cuidado cuando cruzamos una calle transitada, pero rehusarnos constantemente a cruzarla por temor a perder la vida puede transformarnos en un ser temeroso y paralizado.

Los temores no solo desatan las emociones, también ocupan los pensamientos. De modo que puedes reemplazar esa manera de pensar negativa con ideas positivas, si has aceptado la situación, no para consolarte sino para lograr los cambios requeridos. A pesar de que nada esté funcionando en el momento por el cual estés pasando, fíjate detalladamente a ver si existe algo positivo dentro de esa situación y, si lo encuentras, trata de mejorarlo. Así comenzarás a salir del estado mental negativo y desesperanzador y lograrás reenfocarte en lo positivo.

Es importante escribir un listado de logros, y si lo haces mensualmente tendrás a la vista tus logros de un modo constante. Si ves que tus logros no son muchos, tal vez estás concentrando tu tiempo en actividades poco productivas, por lo que tu energía se diluye en muchas direcciones. Por eso es necesario enfocarse en alcanzar las metas. Muchas veces nos empecinamos en resolver un problema específico y perdemos de vista nuestro objetivo o meta original. Evita atascarte preguntándote: ¿Por qué está pasando esto? Preguntas como esta te mantendrán en el pasado, lo importante es enfocarse en el presente haciéndote las siguientes interrogantes: ¿Qué quiero que suceda en forma diferente esta vez? y ¿Qué necesito hacer para lograrlo?

Siempre tienes opciones para salir adelante y te sugiero que prepares una tormenta de ideas para encontrarlas. Oblígate a encontrar al menos tres posibles soluciones a cada problema con el que estés lidiando. Solo con el hecho de enumerarlas te sentirás mejor. Ahora, con esta lista de posibles soluciones, observa cuáles son las mejores según tu plan de vida, ¿dónde encajan mejor en la visión? Así tu enfoque será más claro que antes. Cuando la frustración es grande tendemos a no querer seguir intentándolo. Y como nos sentimos así, nos frustramos y no vamos a ningún sitio. Por eso, si evitamos seguir en esa dirección, el camino será mucho más atractivo. Si puedes mantenerte dando pasos hacia delante, tendrás mayores posibilidades para sobreponerte y pasar la tempestad. Thomas Edison dijo: «Muchas de las personas que fracasaron, nunca notaron cuán cerca estaban del éxito al momento de abandonar». Solo actuando comenzarás a moverte en la dirección correcta. Es probable que te des cuenta que estabas muy preocupado, y en muchos casos no tenías suficientes razones para sentirte de esa manera.

Usualmente invertimos gran cantidad de nuestro tiempo pensando o imaginando lo que puede salir mal. Los atletas profesionales se imaginan compitiendo en situaciones difíciles y siempre ganando. No hay espacio en sus mentes para el fracaso. Tú también necesitas enfocarte en el logro del éxito. Imagínate alcanzando tu meta. ¿Cómo lucirás? ¿Qué sentirás? Toma tu tiempo para imaginarte en esa situación, visualízala y siente el momento. Eso te inspirará para mantenerte enfocado en la visión. Algunas veces las cosas no son tan negativas como lo aparentan. Necesitamos hacer una pausa para recordar que estar optimistas es posible con buen humor, y esto te puede ayudar. El tiempo de tempestad pasará, no lo olvides, desarrollarás una mente con actitud positiva si aprendes a aceptar las situaciones. Todo eso te ayudará a formular preguntas diferentes a los problemas y, como consecuencia, obtendrás respuestas positivas y distintas.

Si cambias tus lentes y comienzas a ver lo que hasta ahora has considerado un «fracaso», como una preparación o una redirección en tu vida para lograr mejores objetivos, entonces disfrutarás de una mayor paz interna que te permitirá vivir el éxito interior constantemente, a pesar de las circunstancias difíciles que estés experimentando. En muchas ocasiones, nuestras bendiciones vienen en paquetes con una envoltura muy distinta a lo que habíamos dibujado en nuestra mente. Atrévete a ejercitar tu fe no mirando las cosas que puedes ver en el presente, sino visualizando lo que nunca se presenta a primera vista.

Es importante que comiences a ver cualquier «fracaso», como una oportunidad disfrazada para alcanzar una meta mayor y lograr tu misión en este mundo. Recuerda que fracasar es simplemente una oportunidad para aprender una nueva forma de hacer las cosas.

Si sientes que has «fracasado» en algún área de tu vida, detente y pregúntate: ¿Qué puedo aprender de esta situación para sacar provecho en el futuro? ¿Acaso el no haber obtenido lo esperado es más bien una señal de redirección para mi vida? ¿En qué forma puedo sacar algo positivo de esta experiencia? Recuerda lo importante que es reflexionar antes de renunciar. Busca dentro de tu corazón y pídele a Dios —el diseñador del plan de tu vida— la dirección para reubicar tu rumbo y vivir al máximo. Y no olvides que no importa cuántas veces te caigas, sino cuántas te levantas.

A veces pensamos que somos las únicas personas con problemas en el mundo y nada más lejos de la realidad pues las dificultades son parte de la vida misma. Es la actitud con la que reaccionamos lo que diferencia tus problemas de los demás. No importa cuáles sean tus circunstancias, puedes aprender a hacer del éxito una forma de vida, entendiendo cada dificultad por enfrentar como una lección para aprender a caminar por encima de las situaciones, sabiendo que el respirar y ver un nuevo día ya te hace un total ganador.

Si pudieras hacer algo que estuvieras total y completamente seguro de lograr, ¿qué harías? ¿Qué proyecto emprenderías? ¿Qué tan grande sería tu sueño?

Cuando dejas volar tu imaginación sin ninguna inhibición y buscas dentro de tu corazón tus anhelos más profundos, descubres que dentro de ti hay sueños aún no cumplidos. Son como semillas guardadas en un sobre, esperando entrar en contacto con el suelo para germinar y convertirse en frondosos árboles llenos de abundantes frutos. Nunca es tarde para empezar. Dios está a tu lado para apoyarte.

En tu GPS están ya dispuestas para ti las respuestas a muchas de tus preguntas, dudas y angustias. Las direcciones están establecidas mucho antes de que las necesitaras y aun de que nacieras. No dejes que el temor y la falta de paciencia te desanimen en tu caminar, quitándote la energía, el entusiasmo y los sueños tan imprescindibles para sentirse vivo. No olvides que aun cuando puedas padecer grandes necesidades, hay muchas personas, miles de ellas, que necesitan más que tú, mucho más.

Recuerda que no estás solo en tu batalla diaria, habemos muchos en la misma guerra. Tómalos en cuenta y únete a quienes están en el bando bueno, no importa si son reconocidos, si han ganado medallas, si salen en los medios de comunicación o si los conoce todo el mundo. No importa si nadie los conoce porque lo primordial es que nos reconozca Dios. No te olvides que eres amado por Él, más de lo que te puedes imaginar, más de lo que en tu cabeza o corazón cabe. No olvides que Dios nos ama y tiene suficiente paciencia para esperarnos todo el tiempo. Él sí tiene tiempo, pero tú y yo lo tenemos contado.

Hoy también tienes la posibilidad de empezar a enfocar tu vida sin importar el pasado. De eso solo cuenta el aprendizaje, ¡lo demás deséchalo! El dolor, el temor, la frustración, la amargura, el rencor, la ira y la culpa no te quieren... solo desean destruirte, ¡no lo permitas! No olvides que nadie puede hacer las cosas que solo tú puedes y tienes que hacer. Demuéstrate que no vives por el éxito, sino que lo llevas en ti, aunque nadie lo tome en cuenta. Tus decisiones van a cambiar tu vida y posiblemente la de otros, como paso fundamental en la gran realización de tus sueños.

ᕙ

Amigo(a), escribe en la línea en blanco tu nombre y repítete a ti mismo:

_____ sigue

_____ continúa

ᕙ

Escribe tus ideas y reflexiones después de haber leído este capítulo, revísalo mensualmente, ajústalo según tu aprendizaje y pídele a Dios su dirección para reconocer la verdad en ellos.

Mis sueños son:

Mi propósito de vida (misión de vida) es:

Mi visión en el aspecto _____ es:

Mi visión en el aspecto _____ es:

Mi visión en el aspecto _____ es:

Mi enfoque es:

Mis metas son:

Definiciones:

Sueño: Imaginación de un hecho que se desea ver realizado.

Propósito de vida: Es la misión que tenemos en este mundo. Eso que nos enseña quiénes somos y por qué estamos aquí. Es el plan diseñado por Dios para cada uno de los seres humanos, y solo lo descubriremos si tenemos una relación estrecha con Él. De otra manera es imposible encontrarlo en nosotros mismos. Dios nos creó y puso en nosotros una misión que cumplir, Él sabe cuál es y también conoce la razón por la que nos la dio. Por lo tanto, solo Dios puede ser nuestro punto de partida para comenzar el camino, descubriendo así nuestra misión de vida. Asimismo, tu propósito de vida está por encima de tus sueños, de tu visión, de tus éxitos o logros, de tu tranquilidad y hasta de tus seres queridos.

Visión: Es lograr ver por encima de las circunstancias presentes, extendiendo la mirada al futuro, visualizando las acciones que la misma persona u otros podrán realizar para convertir los sueños en hechos reales. Si conoces tu propósito de vida, toda tu visión debe sujetar a este.

Enfoque: Es definir con claridad las metas a alcanzar sin perder de vista el propósito de vida, logrando descubrir la verdad y la utilidad del objetivo planteado con una ejecución más afinada.

～

Ahora prepárate y pon atención a las indicaciones de tu GPS para que sepas cuál es el siguiente paso para continuar tu camino.

 Doble a la derecha en la calle «Sueños» para empezar el recorrido por el camino «Enfoque».

 Continúe en dirección noroeste hacia la calle «Visión».

 Proceda con precaución, y evite la salida «Temor» a la izquierda.

 Tome la calle «Propósito de vida», y una vez recorrida, regrese a la calle principal para continuar a la calle «Metas y Objetivos». Posteriormente, recorra la calle «Paciencia».

Siga en dirección noroeste por el camino «Enfoque», en ruta hacia el camino «Equilibrio».

El equilibrio

Al recordar mi infancia, una de las actividades que más disfrutaba era ir al circo. Sin duda uno de los espectáculos más impresionantes para mí era el de los acróbatas, que podían mantenerse en perfecto equilibrio sobre una cuerda, caminando o conduciendo una bicicleta, desplazándose de un extremo a otro creando así momentos de tensión, emoción y angustia en toda la audiencia. Sin dejar de observar cada detalle de ese espectáculo circense, siempre me inquietaba profundamente saber cuál era la fórmula de esos acróbatas para lograr mantenerse en equilibrio y llevar incluso sobre sus hombros a otros valientes compañeros, logrando una armonía perfecta que suscitaba un merecido aplauso del público presente.

En medio del asombro por esas hazañas poco comunes, me surgía en ocasiones la duda por si algo no salía bien. Si solo un pie no se colocaba de la manera correcta, si se le daba más importancia a algún otro detalle, todo podía acabar tristemente en un instante. Cuando estaba sentada en el circo —disfrutando por supuesto de un paquete enorme de palomitas de maíz—, mi atención se centraba en no perder ningún detalle de la presencia de los tigres, leopardos y leones que, dirigidos por sus domadores, me transmitían tranquilidad, ya que no existía ninguna manera de que escaparan de sus áreas de exhibición.

Por lo tanto, pensaba que todo estaba bajo control, de forma que nadie podría ser atacado por alguno de esos feroces animales. En cambio cuando salían los acróbatas, mostrándonos todas sus destrezas sobre las cuerdas, atravesando a todo lo largo el techo de la tienda del circo, comenzaba a preocuparme y dejaba de hacer cualquier cosa que estuviera haciendo —como deleitarme con mis palomitas de maíz—, y en varias oportunidades terminaban en el piso. Perdía la noción de tenerlas en mis manos y, producto de mi preocupación, perdía el control y empezaba a sufrir al observar las pericias, deseando que ninguno de los equilibristas cayera, dado que por lo general en muchas presentaciones no utilizaban las mallas de protección, poniendo entonces en riesgo sus vidas.

Así exactamente ocurre con todos nosotros. Aunque no somos acróbatas, por lo general tratamos de poner todo en equilibrio. El equilibrio mantiene las cosas en su lugar; si una de esas cosas pierde el equilibrio, se cae y se trae consigo las demás. La vida, en verdad, puede ser como una cuerda muy delgada, una cuerda larga con principio y fin, una cuerda que está a cierta altura y que debemos alcanzar para comenzar a caminar con equilibrio. Sin embargo, antes de subir a esa cuerda tenemos que dar los pasos que mencioné en los capítulos anteriores: la aceptación y el enfoque. Con estos somos capaces de trepar las escaleras que nos llevarán a iniciar el camino sobre la cuerda de nuestra propia vida, en la que trataremos constantemente de mantener el equilibrio, imprescindible para saber vivir.

Yo siempre he sido muy inquieta y curiosa, por eso en una oportunidad cuando fui al circo a los doce años, le pedí a mi madre que me llevará a conocer un acróbata, para hacerle unas preguntas a fin de descubrir el secreto que encerraba el caminar con tanta agilidad sobre la cuerda floja. Recuerdo el momento cuando pude conocer uno de una excelente complexión física —delgado y no muy alto—, quien lucía sano y muy fuerte. La pregunta que le hice fue: ¿Cómo era capaz de lograr mantenerse en la cuerda por tanto tiempo y lucir como si nada peligroso pudiese ocurrir?

El gentil caballero me contestó sabiamente y me habló acerca de varios pasos para lograr caminar con éxito en la cuerda floja:

1. Primero: reconocer si en realidad uno está haciendo lo que le gusta y si eso es parte de su misión en la vida.
2. Segundo: determinar responsablemente si uno reúne las condiciones físicas para estar encima de la cuerda floja, lo que implica una disciplina de entrenamiento a fin de realizar su labor con seguridad y confianza en sí mismo.
3. Tercero: aislarse de lo que pasa alrededor. Esto incluye al público espectador, ignorar las risas, las exclamaciones de susto por parte de los presentes u otras distracciones que pudieran desviarlo de su enfoque.
4. Cuarto: mantenerse en perfecto equilibrio, es decir no dudar de uno mismo y creer en sus habilidades y entrenamiento.
5. Al final, el quinto paso fue sin duda algo que me impresionó profundamente. Este último punto de gran importancia y consiste en entregarse a Dios, porque solo Él puede protegerte si pierdes el equilibrio.

En nuestra propia cuerda floja, que es la vida, el equilibrio es fundamental, pero para conseguirlo hay que empezar a actuar y a buscarlo, pues no vendrá automáticamente. Por el contrario, las presiones constantes de esta vida te amenazarán de modo que pierdas el equilibrio. Por eso nuestros pies deben estar bien alineados sobre la cuerda y no fuera, para lograr cruzar al otro lado, alcanzando nuestras metas y propósitos en este mundo. La naturaleza en sí misma es un ejemplo de equilibrio, todo está perfectamente diseñado. Cuando ocurren distorsiones, por lo general, producto de la intervención humana —la que muchas veces en vez de ayudar destruye—, se desatan consecuencias muy graves para la naturaleza y para nosotros los seres humanos, que al final dependemos y disfrutamos de ella.

Casualmente mientras escribo, estoy muy pendiente de una hermosa pata que está empollando sus huevos en su nido. El lugar elegido para colocar el refugio de sus futuros polluelos, lo considero peligroso, ya que está al frente de mi casa en una redoma cubierta por matas. Se anidó en un extremo muy próximo a la calle, de manera que cuando los patitos nazcan, van a salir al pavimento, pudiendo sufrir algún percance, si los que vivimos en esta calle no nos percatamos de su presencia.

Detrás de mi casa hay un lago grande donde ella hubiera conseguido un mejor lugar para sus huevos, de tal forma que cuando nacieran las crías estuviesen cerca del agua y no en la calle, teniendo que enfrentar a los autos que posiblemente los ignoren sin querer. El caso me ha llevado a reflexionar, por lo que todos los días mis hijos, mi esposo y yo misma, le damos vuelta a la redoma, cuidando a la patita a la que hemos bautizado Cuaqui.

Con la idea de colaborar para que se mantenga en perfectas condiciones, he pensado muchas veces cómo trasladarla con todo su nido, pero también me he repetido otras tantas veces que si lo hago puedo entorpecer el proceso de maduración de sus huevos y poner en peligro la vida de ellos y de su mamá pata. He tenido la intención de protegerla, pero con mi deseo puedo causar un desequilibrio en su proceso natural. Por lo tanto, me he conformado diariamente con ir a verla a la redoma, sacando de su entorno las ramas grandes que caen de las palmeras, las cuales pueden obstaculizar el espacio elegido por la pata para colocar su nido. De esa manera he colaborado para que nada fuera de su equilibrio propio la moleste y, por supuesto, todos en el área vigilaremos los patitos por nacer, tratando de que ningún vehículo destruya lo que la naturaleza —en su perfecto equilibrio— tiene planeado.

Por lo general, intervenimos en detrimento del equilibrio natural que llevamos dentro de nosotros desde el mismo momento en que nacemos. Sin embargo, el equilibrio es un factor fundamental que debemos considerar constantemente en toda nuestra vida. La sensación que genera dentro de uno el estar equilibrado es maravillosa, pues significa lograr el control de todo aquello que puede y debe controlar. Caminar en la vida con equilibro también te permite entender la existencia de muchos otros factores fuera de tu alcance, que no puedes equilibrar pues no te pertenecen.

Es por eso importante recordar que no puedes nivelar ni equilibrar la vida de otras personas y, aun cuando ellos pierdan la estabilidad y caigan, tú puedes mantenerte en el centro de tu vida mirando hacia delante para cumplir con tu propósito en la vida. Vivir equilibrado no significa que todas las cosas salgan perfectamente bien. Al contrario, se necesita tener equilibrio para poder resistir las tempestades por las cuales seguro vamos a pasar.

Vivir equilibrado es mantenerte constante, nivelado y con fuerza, en tu hacer y en tu estar. Por ejemplo, la patita Cuaqui ha continuado sobre sus huevos anidándolos la mayor parte del día, manteniéndose en su función, sin permitir que la tormenta amenazante —típica de esta época—, perturbe la constancia en su hacer y en su estar. Puede ser víctima de algún otro animal al acecho que quiera arrebatarle uno de sus preciados huevos, pueden caerle ramas enteras desde los árboles que tiene cerca, puede llover sin parar y, sin embargo, ella sigue allí en su nido, equilibrada, cumpliendo con su función protectora como la prioridad fundamental de su vida.

Se ha gastado mucha tinta escribiendo libros sobre cómo equilibrar nuestra vida personal con el aspecto profesional, se ha intentado determinar cuántas horas requerimos para dedicarles a cada una de las diferentes jornadas de nuestro diario vivir. Sin embargo, es precisamente cómo equilibrar la vida de cada persona el gran reto planteado en el mundo de hoy, reto que va dentro de un contexto para descubrir la fórmula mágica. Esta nos permitiría salir del desequilibrio tan grande en el que vivimos, entendiendo que no se trata simplemente de un problema de horas, para el que bastaría con dividir las veinticuatro horas que tiene el día y repartirlas entre todas las tareas por ejecutar.

No obstante, al final nos damos cuenta de que eso no es suficiente para obtener el equilibrio que buscamos. No somos máquinas para que nos programen en un horario específico, pero es necesario cumplir con un esquema. Aunque las horas no nos pueden equilibrar y nunca lo harán, tenemos inexcusablemente la tarea de nivelar nuestro horario, asumiendo con flexibilidad los ajustes imprescindibles para adaptarnos al cambio constante de las prioridades de nuestra vida. Y este es el gran reto, convertido muchas veces en un gran problema; es decir, la resistencia para adaptarse a los cambios en los que el equilibrio representa un paso vital para saber sobrellevar la carga de los mismos y continuar manteniéndonos sobre la cuerda, con constancia, a nivel y con la fuerza requerida para cruzar a la otra punta de la cuerda, como si fuésemos acróbatas.

Cuando asumimos compromisos en nuestra vida, sean cuales sean, necesitamos no perder de vista el hecho de que implicarán mucho esfuerzo, horas de entrega, sacrificio y lucha por mantener en pie esos compromisos adquiridos. No podemos vivir quejándonos. Muchas veces escucho a mamás embarazadas que manifiestan con angustia «su limitación para dedicarle más tiempo a su trabajo o a otros intereses como lo hacían antes del embarazo». Es allí cuando posiblemente comienza, en casos como este o similares, un mar de dudas relativas a la dedicación del tiempo frente a una nueva situación, llevando a la persona a una constante evaluación comparativa, en atención a su desempeño previo y a los cambios inesperados o decididos en su vida.

Si no se cuenta con la fuerza de la aceptación en el momento que se está viviendo, con un enfoque claro de la importancia del tiempo a dedicar a nuestro próximo compromiso, como por ejemplo la llegada de un bebé, no podrá el individuo ajustarse a los cambios surgidos a raíz de las decisiones o situaciones nuevas. En consecuencia, se pierde el equilibrio, desmoronándose y arriesgándose así todos los planes e ilusiones sujetos a tu propósito de vida y, por ende, sufriendo en algún momento un sentimiento de culpa que se convierte en el gran castigador de quien no logra equilibrar su vida.

Ninguna situación ni nadie nos va a dar como regalo el equilibrio. Esto no lo proveen las personas de nuestro entorno, ni el trabajo, ni la familia. La única fuente para obtener el equilibrio es tu trabajo en ti mismo, cultivándolo, madurándolo y haciéndolo parte integral de tu vida, considerándolo un nuevo hábito a integrar en tu agenda diaria. Tu ser interior, por lo general, te pide que busques el equilibrio, por eso empiezas a sentir sensaciones y situaciones de inconformidad al no encontrarlo, con la expectativa muchas veces de recibirlo a través de otras personas o circunstancias. De esa manera vas perdiendo la oportunidad de vivir momentos irrepetibles, que casi nunca vuelven y si vuelven, nunca son iguales. El equilibrio es un camino fundamental para vivir en ti mismo con la armonía vital requerida en cada momento o circunstancia por enfrentar en tu andar.

No se trata entonces de horarios, se trata de prioridades. Prioridades que tienen diversos horarios y que consumen tiempo. Esas prioridades se basan en tus necesidades y en tu escala de valores. Tu GPS tiene esa escala de valores y tiene las direcciones para llegar al camino del equilibrio con la ayuda de Dios.

El equilibrio para mí ha sido fundamental y mucho más para tener armonía en mi vida, por eso conozco y entiendo bien su significado. A pesar de que mi niñez y mi adolescencia carecían de armonía debido al desequilibrio tan grande existente en mi entorno familiar, yo sabía que la estabilidad, la mesura y el autocontrol eran parte importante y necesaria para mi existencia. En forma intuitiva buscaba dentro de mí esas herramientas y las transformaba en parte de mi vivencia diaria. Me repetía con frecuencia: «Aunque mi entorno y el mundo sean desequilibrados y transiten el camino del descontrol, yo voy a caminar con dominio propio para llegar al camino del equilibrio».

El autocontrol está en nuestro interior y Dios mismo nos permite sintonizar nuestro GPS cuando nos encontramos o deseamos llegar al camino del equilibrio. Por lo general, oímos a las personas disentir con frustración al no encontrar equilibrio en la casa o en el trabajo. Eso ciertamente puede estar sucediendo y pueden haber hechos y circunstancias fuera del nivel deseado. Pero, si este es tu caso, ¿qué ocurre con tus pies? ¿Están dentro o fuera de la cuerda del equilibrio personal? La vida fue creada para buscar un equilibrio. ¿Qué nos pasa? ¿Nos sentimos incapaces de recuperar el equilibrio perdido o lo fuimos destruyendo poco a poco? Lo bueno, a pesar de perder el nivel, es que la semilla del equilibrio sigue en nosotros, lo importante es valorarla para su crecimiento y maduración en nuestras vidas. El autocontrol representa esa semilla, ya que con él puedes mantenerte en equilibrio, a pesar de que todo este desequilibrado y fuera de tu alcance.

La importancia del autocontrol

El autocontrol no es otra cosa que la opción de elegir algo mejor que lo más tentador y hasta más placentero. En muchos casos es la opción de elegir algo mejor por encima de los desafíos, de los temores y de las amenazas. Gran parte del sufrimiento del ser humano reside en la falta de autocontrol, algo que está muy relacionado con la autodisciplina. Los seres humanos esperamos obtener lo deseado de forma inmediata o en un tiempo corto, de modo que la gratificación se haga presente en nuestras vidas de manera rápida y constante.

Hay que decir «no» a una elección destructiva y un gran «sí» a una elección positiva. Todo eso me recuerda que cuando somos niños es que empiezan esas etapas en que descubrimos el mundo, deseando tocar y agarrar todo lo que está enfrente, sin saber si esos objetos pueden hacernos daño. ¿A qué madre no le ha tocado decir muchas veces «no» a un hijo pequeño cuando se antoja de algo para tocarlo, agarrarlo o hasta comérselo? Por supuesto, una como madre desearía siempre complacerlos, pero en esos casos el deseo del niño no es un buen objetivo.

El niño, al no poder entender por qué su mamá le quita la opción de conseguir la meta propuesta se ofusca, llora y hasta hace pataletas típicas de la edad infantil, cuando todavía no sabe controlar sus impulsos y emociones, logrando dominar estas últimas la vida del pequeño. Es probable que pienses que esto no tiene nada que ver con el equilibrio necesario para optimizar el tiempo, pero tiene mucha relación, ya que mientras el niño está llorando, ofuscado, desplegando una tremenda pataleta o en otra situación, hubiese podido utilizar ese mismo lapso de tiempo enfocado en una tarea productiva y divertida para su edad.

Claro está, los niños van aprendiendo esto gracias a la efectiva educación que reciban en sus hogares y con la madurez de los años. Sin embargo, ¿qué pasa cuando como adultos seguimos actuando y comportándonos como si fuéramos unos niños inmaduros y, por lo tanto, carentes de autocontrol en la utilización de nuestro tiempo?

Muchas veces los adultos no tenemos conciencia de que el tiempo pasa sin retraso y la demora a los acontecimientos la ponemos nosotros, como si manejáramos otro tiempo, producto de nuestra rebeldía y del descontrol de nuestras emociones. Como resultado, algunas personas inician un camino difícil que genera frustración y desencanto, no solo durante días, sino por años. En reiteradas ocasiones pensamos, como es normal, ¿por qué no puedo simplemente obedecer mis sentimientos, mis emociones, en lugar de autodisciplinarme para lograr ciertos objetivos?

En la Biblia hay un versículo perfecto para este caso en Proverbios 5.23: «Él morirá por falta de corrección y errará por lo inmenso de su locura». Eso es lo que efectivamente acontece cuando seguimos el camino de nuestras emociones natas, sin someterlas a la autodisciplina, por lo que cualquiera puede llegar a sufrir serios desequilibrios y hasta la locura.

Si afortunadamente no llegáramos a ese límite —con el riesgo de sufrir un fuerte desequilibrio emocional—, y continuáramos sin saber el mejor método para hacer uso del autocontrol necesario para vivir, entonces ¿qué nos puede pasar? Por lo general, en estos casos las personas sufren por la imposibilidad de establecer algún tipo de prioridades en sus vidas y, por ende, no obtienen ningún aprovechamiento del tiempo, el que inexorablemente sigue pasando frente a sus ojos, dejando solo las huellas, «porque el tiempo pasa y no vuelve más».

Quizás no te hayas detenido a pensar en la necesidad prioritaria de lograr el equilibrio interior en tu vida antes que el mundo a tu alrededor te lo brinde. Casi siempre tratamos la expectativa de alcanzar estabilidad a través de las actividades en las que nos involucramos. Sin embargo, en cualquier instante puede ocurrir una fractura a dicha estabilidad. Es tan solo entonces, cuando se nos viene todo encima y enfrentamos una fuerte desilusión y tristeza. Eso nos lleva a sentirnos desorientados, puesto que el equilibrio exterior se ha desvanecido, sin saber siquiera si en algún momento podrá restablecerse.

Por lo general nada se restablece de igual manera, todo sufre cambios pequeños o grandes, dejando sus huellas y heridas, reflejando una perspectiva diferente a la situación que parecía estar en equilibrio y ya no lo está. Como ya he dicho, el equilibrio no lo vas a encontrar fuera de ti, está en tu interior. Solo tendrás la oportunidad de activarlo utilizando el autocontrol y desarrollándolo como hábito en tu vida. El buen hábito contribuye a hacernos más efectivos y exitosos hasta con el uso del tiempo.

El autocontrol es uno de los hábitos positivos que generan más ganancia espiritual. Es un fruto del espíritu que nos brinda el alimento necesario para fortalecernos y perseverar ante las pruebas del mundo. El equilibrio se alimenta de la humildad y de la paciencia imprescindible para lograr el enfoque, con el cual proyectas tu desenvolvimiento diario.

Cuando te planteo la necesidad de lograr el equilibrio es porque si nos retrasamos en conseguirlo el mundo se encargará de robarnos nuestra tranquilidad. La falta de tranquilidad te quita el espacio imprescindible para aprovechar el tiempo, tanto en tu trabajo, como en tu vida personal o familiar. Por más horas que dispongas para cada una de esas responsabilidades, al no contar con la tranquilidad necesaria, no podrás conseguir avanzar en tus objetivos y, por ende, caerás de la cuerda donde has de sostenerte.

La tranquilidad no significa disponer de mayor tiempo del previsto para realizar una actividad. Con la tranquilidad no se detiene el tiempo, pero sí se logra obtener mayor aprovechamiento de las horas de cualquier momento. La tranquilidad implica concentración en la vivencia óptima de los minutos. Por lo general cuando realizamos una actividad, nuestra mente está localizada en otra situación o en alguna preocupación, producto de la intranquilidad. En consecuencia, no ponemos todo nuestro enfoque en lo que estamos haciendo en determinado espacio de tiempo, dejando de vivir la experiencia del momento, olvidando que tal vez ese tiempo no vuelva más.

Particularmente comprendí que la tranquilidad equivale a comprar un seguro de salud que te brinda seguridad, pase lo que pase, de contar con la protección para cubrir por ti la cuenta en caso de accidentes o de consultas médicas. Obviamente debemos pagar al seguro, pero por lo general con una buena póliza no tendremos la obligación de cancelar el monto total. Como sabemos, este será asumido por la empresa aseguradora que cubrirá el saldo de la factura, a la hora de abandonar un consultorio o una clínica por razones médicas. Será entonces cuando, con mucha tranquilidad, podremos decir que todo está bajo el control del seguro.

Definitivamente tengo tranquilidad en mi vida porque tengo seguridad. La seguridad me produce tranquilidad. Y mi seguridad no está basada en mí misma ni en mis capacidades, ya que por mucho que me prepare, me capacite o me entrene para realizar una o muchas actividades, siempre estarán presentes las preocupaciones, como si se trataran de mis enemigas en potencia. Lo que, en efecto, son. Por eso la única manera posible de combatir las preocupaciones y mantenernos en equilibrio —como el acróbata que conocí de pequeña y quien me dio las claves de su vida—, es firmar la póliza de salud y de vida con Dios. Él ve lo que yo no veo ni veré nunca. Por muchos esfuerzos que haga, mi visión siempre tendrá límites, la de Dios no.

Mi enfoque no será tan claro como el de Él y mi equilibrio no permanecerá intacto como el suyo, por lo tanto estoy con quien puede ayudarme a salir de los problemas y las preocupaciones que afectarán toda nuestra vida. Al igual que las pólizas de cualquier empresa de seguros de salud, que regulan los procesos para intervenir por el asegurado cuando se necesite, así mismo —pero con mayor efectividad— actúa Dios. Él siempre está presente contigo, pero solo interviene en tu vida, si le permites hacerlo. Equivale entonces a firmar tu póliza de vida con Él, que espera tu petición, así como toda tu confianza. De esta manera pagas la póliza, teniendo la seguridad de que siempre te responderá con mucho más de lo que te puedes imaginar. Dios puede sujetarte cuando tus fuerzas te lo impidan. Dios te da el equilibrio necesario, el que muchas veces falta en momentos críticos, y continúa entrenándote en el proceso de aprendizaje, para lograrlo en forma constante. No se trata de que uno no vaya a hacer nada porque confía en Él; por el contrario, Dios te ayuda a avanzar siempre, sobre todo si perseveras preparándote y manteniéndote activo para lograr obtener las destrezas, las fuerzas necesarias y así conseguir el equilibrio tan deseado.

El equilibrio no implica quedarse estático. Hay quienes equiparan el equilibrio con una balanza donde se pesan dos o más objetos. Al tener los objetos el mismo peso, se mantendrán en una misma posición los dos lados de la balanza; en caso contrario, el lado con mayor peso inclinará la balanza a su favor, quedándose fija allí. Nosotros no somos una balanza, somos más bien los que la sostenemos. Si lo analizas, para mantener el equilibrio es necesario estar en acción constante.

Cuando la balanza se va mucho para uno de los lados, necesariamente debemos identificar la carencia existente en el otro lado, el cual adolece del peso necesario para lograr el balance con respecto al primero. Se hace necesario disminuirle al primero un poco de su peso para lograr alcanzar al segundo o viceversa. Una vez conseguido el equilibrio, nos vemos en la posición de comenzar de nuevo y así nos mantendremos de por vida. Para ello hay que estar siempre en acción, rechazando las cosas negativas, las cuales sumarán mayor peso a un lado.

Uno de los secretos de un buen equilibrista es no prestar atención a lo que ocurre debajo de él, mientras está concentrado en su actividad. El acróbata debe evitar ponerle atención a las exclamaciones de susto por parte del público, a las risas, al miedo, al bullicio, a los mismos aplausos, puesto que no puede en esos momentos perder la concentración en lo que está haciendo. Una de las claves del autocontrol para proporcionar equilibrio en la vida es rechazar al enemigo de nuestra concentración en la acción.

En los momentos en que se pierde el equilibrio, pueden entonces las emociones convertirse en tiranos gobernantes que nos mantendrán bajo sus reglas y nos impedirán disponer de la libertad fundamental para ejecutar nuestra función. En cierta manera, necesitamos distanciarnos de las cosas y las personas capaces de hacernos perder el equilibrio, convirtiendo al autocontrol en una muralla de protección alrededor de nosotros, evitando así el ingreso del enemigo a nuestras vidas, que puede robar el equilibrio inmerso en nosotros mismos.

El equilibrio es necesario en todas las tareas del diario vivir. Muchas veces las personas piensan al conocer a alguien muy equilibrado —en su manera de ser y de hacer las cosas—, que ese individuo adolece de autenticidad y sinceridad. Casi siempre se etiqueta a la persona de efectista y también de esconder detrás de ese supuesto equilibrio una verdad poco mesurada. Es normal que las personas muestren diversidad de emociones ante las situaciones vividas o por enfrentar en su trabajo, en su vida personal o familiar. Las emociones pueden ser aliadas o enemigas de nuestro comportamiento y, por ende, podemos terminar convirtiéndonos en víctimas de ellas si no sabemos cómo pasarlas por un colador como el autocontrol. Este tendrá la tarea de determinar la calidad de las emociones, consiguiendo las impurezas existentes en las mismas, extrayendo lo innecesario, dejando el óptimo resultado y el beneficio para asumir el momento, sin resentir en el futuro de lo hecho o experimentado en el pasado.

El tratar de ser equilibrado en todas las facetas de la vida no te hace una persona falsa; por el contrario, te hace victorioso porque vas en busca de la verdad, tratando de combatir al enemigo oculto en las emociones negativas. Esto no se aprende en un solo día, se aprende en la práctica diaria, con congruencia y determinación. Unos días podrás hacerlo mejor que otros. Recuerda al acróbata tonificando sus músculos y subiendo a la cuerda diariamente, aun cuando nadie esté sentado en las gradas del circo para aplaudirle. Él sabe a ciencia cierta la importancia de practicar todos los días, para entrenarse en el difícil arte de mantener el equilibrio sobre la cuerda floja, con la disciplina requerida, tratando de incorporar otras acrobacias para enriquecer el espectáculo siguiente.

Nuestro diario vivir nos expone al mundo como si fuéramos unos acróbatas y aunque nadie aplauda tu eficacia manteniendo el equilibrio de tu propia vida, no te detengas. Sigue adelante sin ver hacia los lados, no le restes atención a tu meta, cruza tu cuerda floja con la medida de la victoria, con la cual solo Dios sabrá honrar tu vida.

Muchas veces nos preguntamos: ¿Por qué soy yo quien debe mantener el equilibrio en todo y los demás no hacen nada o muy poco por mantenerlo? Normalmente deseamos encontrar el equilibrio en otros antes que en nosotros. Esperamos recibir antes que dar nosotros a los demás. Por lo general, la humanidad se comporta de esa manera. Si no nos dan, simplemente no damos, y si no nos hablan bien, si no actúan bien, responderemos de la misma manera y nos convertiremos en su fotocopia.

Copiamos los modelos y llegamos a pensar que son normales. Nos acostumbramos a estar de la misma forma porque no requiere esfuerzo, es lo más simple y fácil de hacer. El no hacer nada por cambiar o por mejorar, es lo más cómodo de adoptar; no obstante, el resultado a corto o a largo plazo es inconveniente y negativo para uno mismo. Cualquier individuo se puede estancar dentro de sí, siguiendo esos patrones, los cuales están a nuestro alcance diariamente. Si no nos avispamos y decidimos: «Yo no quiero seguir esos patrones ni ir por el mismo camino de inestabilidad», no habrá ningún síntoma de cambio en nuestras vidas.

El equilibrio es un tesoro en ti mismo, está al alcance de cada uno de nosotros y a pesar de las condiciones y situaciones que precedieron tu presente, es una buena opción. Una de las cosas más maravillosas producto de lograr el equilibrio es captar cómo el mundo a tu alrededor te empieza a responder en el mismo sentido. Quizás no ocurra exactamente con las personas ya conocidas y carentes de la mesura apropiada, pero sí con otros que desearán formar parte de tu entorno. Irás alcanzando tus anhelos de una manera equilibrada, y además le enseñarás al mundo las posibilidades de conseguirlo y de nutrirse del fruto proveniente del autocontrol.

El camino del equilibrio —como todo lo bueno— no es fácil, pero es posible. Los beneficios de una mente, un cuerpo y un espíritu en equilibrio se logran a través de la práctica. Esta última muchas veces nos arranca lágrimas por el dolor, por el esfuerzo de ir en contra de la corriente; pero una vez iniciada la tarea de remar en contra del desequilibrio, de la inestabilidad, de las preocupaciones, de los temores, comienzas a sentir algo muy fuerte, ayudándote en esa jornada y continuando en la dirección correcta.

Dios reconoce tu esfuerzo dándote el apoyo necesario para no soltar los remos y aunque no hayas llegado a acumular toda la fortaleza en tus músculos, Él te oxigena para minimizar la intensidad del dolor, permitiéndote continuar en tu proceso de alcanzar la meta.

Hay quienes opinan que a pesar de sus esfuerzos por alcanzar el equilibrio en sus vidas, no consiguen obtenerlo en todo lo que se proponen, como por ejemplo, en el trabajo. Muchas veces soñamos con una meta específica en nuestra profesión u oficio, ponemos todo nuestro esmero para mantener el equilibrio, atravesando la cuerda floja cotidianamente en nuestra actividad profesional y, a pesar de ello, no lo logramos. No todo depende de ti ni de mí; sin embargo, lo que sí depende de nosotros es la voluntad para sacar de dentro de uno mismo lo mejor cada día. En todas las horas de un día nuestra actitud debe estar equilibrada para vivir con armonía los retos del presente. Aun con perseverancia y persistencia notamos que lo esperado se nos niega, vemos al frente puertas cerradas que en otras ocasiones estaban abiertas para nosotros y para los demás. A pesar de estar equilibrados, no percibimos progreso, no adelantamos en nada y nos quedamos en el mismo lugar o en el mismo punto sin avanzar.

Dios nos protege muchas veces cerrando puertas, aun viviendo con armonía. Hay puertas que se cierran aunque hay sueños detrás de ellas, los cuales deseamos alcanzar; pero en ese momento no nos convienen a pesar de considerarlos importantes o vitales para nuestra existencia. Pensamos entonces: ¿Por qué nos pasa esto si estamos poniendo todo nuestro esfuerzo, para conseguir un resultado totalmente diferente al obtenido?

Siendo la naturaleza un excelente ejemplo de equilibrio, no podemos olvidar que ocurren tormentas, huracanes, terremotos, volcanes en erupción y otras condiciones de inestabilidad producto de la naturaleza misma. Todo eso sucede para seguir en el proceso natural del equilibrio. Por ejemplo, el hombre es parte de ese proceso, no solo porque sufre los impactos y las consecuencias de esos procesos naturales, sino que en nuestro andar también somos víctimas de momentos difíciles parecidos a un huracán que no podemos neutralizar. Dios permite esos momentos de prueba en nuestra vida para mejorarnos, pulirnos, produciendo el resultado de un «mejor yo». Dios utiliza nuestro sufrimiento para perfeccionarnos y dirigirnos por el camino del crecimiento y no por el estancamiento. Usualmente al no ver progreso alguno, nos frustramos y sentimos la necesidad de dar media vuelta en nuestra cuerda floja y regresar pero, ¿a dónde regresar? En la vida no hay regreso, lo que sí hay son cambios, y muchos.

No sé si te ha pasado, pero hace unos años yo viví con mi familia en la Florida un fuerte temporal. Presenciamos la llegada de un huracán de magnitud casi tres, pronosticado por los medios informativos. Como te imaginarás todo el mundo estaba en un corre y corre, comprando lo necesario para estar abastecidos en nuestros hogares, para que no faltara agua, enlatados, medicinas, baterías y un sinfín de productos necesarios. Todo eso por precaución, en caso de que los comercios y los supermercados deban cerrar, al igual que las compañías de luz eléctrica y de agua, que no puedan prestar sus servicios por causa del fenómeno, que podía dejar serias consecuencias una vez que su fuerza alcanzara la zona prevista. Nosotros no fuimos obligados a abandonar nuestra casa, como sucedió en muchas ciudades donde las personas se movilizaron, huyendo del huracán. Muchos trataban de encontrar protección en las casas de sus familiares, de amigos y relacionados, situadas en otros estados o ciudades de la nación americana.

Otras personas que no tuvieron estas ventajas, solo tuvieron la opción de trasladarse a los alberges provistos por el gobierno, preparados y abastecidos para esos acontecimientos. Así que se albergaron en colegios y otras instalaciones seguras en cada ciudad o comunidad. Esos refugios pueden albergar muchas personas que tienen sus hogares en zonas y condiciones no propicias para enfrentar los efectos de un huracán de grandes proporciones.

Yo estaba muy inquieta por lo que iba a acontecer. Nunca antes había pasado por una situación así y solo pensaba si lo más certero sería quedarse o no en nuestra casa. En momentos como esos es muy importante oír a los meteorólogos y a los expertos en la materia. De igual forma también es fundamental tomar en cuenta a los expertos en otras áreas de nuestras vidas cuando estemos enfrentando vientos de huracanes que pretendan desequilibrarnos. Pero en cuanto a ese día de la llegada del huracán, estábamos oyendo y viendo los medios informativos. Tomábamos muy en serio todas las precauciones sugeridas y poníamos mucha atención a las indicaciones de la alcaldía de nuestra localidad. Eso nos daba una gran alivio ya que las personas más conocedoras de la materia estaban aportando sus conocimientos y sus recomendaciones.

Sin embargo, el desconcierto de vivir una experiencia como esa es inexplicable. Por mucho que captemos o entendamos las instrucciones y precauciones necesarias, queda en el corazón una sensación de fragilidad, uno se siente pequeñito ante la fuerza de la naturaleza. En esos momentos es muy necesario contar con el equilibrio, si no, las mismas expectativas y la ansiedad se encargarán de cavar un profundo vacío que llenarán el miedo y la angustia, hasta llegar a sentir terror. Es muy humano sentir todas esas emociones y mucho peor cuando te enfrentas a algo que uno no puede controlar. Sin embargo, hay una opción, la del autocontrol, que es vital para no perder la proporción del momento.

Debo confesarte que lo perdí, dejé que las emociones negativas me controlaran, me puse sumamente nerviosa y mucho más al sentir los estruendosos relámpagos producidos por el huracán, aun antes de aproximarse a nuestra zona. Cuando los vientos empezaron a agitar todo a su alrededor, mi familia y yo podíamos ver a través de las pequeñas rejillas de los protectores de ventanas —que habíamos instalado unos días antes de la llegada del huracán—, cómo salían los árboles enteros desprendidos con raíces y todo. Vimos cómo la fuerza del viento acababa con todo nuestro jardín. El agua de la piscina se había salido de su límite, convirtiendo el jardín en un enorme lago. Todo se confundía entre matas, objetos que salían de otras casas como las tejas de los techos, etc., era un solo desorden y encima no se podía ver a lo lejos porque quedaba todo como en una gran bruma y oscuridad. Era como si la noche hubiera llegado más temprano que de costumbre y hubiera tomado el espacio del día. La televisión estaba funcionando y teníamos el radio con las baterías listas en caso de perder la electricidad.

En casa, además de nosotros cuatro, estaban nuestras dos mascotas, Muñeca, una perrita de raza pug que tiene muchos años, y una pequeñita de la misma raza llamada Tita. Las dos no sabían qué hacer con sus vidas, las pobres corrían de un lado al otro y sentían —creo yo—, con más fuerza el ruido tan espantoso que anunciaba la llegada del huracán. Mis hijos estaban más pequeños y nunca antes habían vivido esa experiencia, por lo tanto no sabían cómo reaccionar. Solo se preocupaban por jugar debido a los muchos días libres que tuvieron por la alerta de huracán. Yo en mi descontrol sufría de antemano por algo que no estaba sucediendo, porque aún no se estaban sintiendo los verdaderos estragos de la llegada del huracán. En todo momento quise tener el control de la situación y, a consecuencia de dejarme dominar por un gran susto, les exigí a mis hijos que hicieran la tarea como si estuviéramos viviendo un día normal.

¿Te imaginas la cara de mis dos pequeños viéndome con sorpresa, tratando de entender a su mamá, mientras todo el mundo alrededor estaba ocupándose de ver las noticias concentrados y muy pendientes de la situación? Ellos estaban obligados por mí a realizar una tarea, la cual nadie iba a evaluar porque para ese momento no se sabía cuándo regresarían a clases. Mi actitud delante de mis hijos era tratar de mantener todo como si fuera un día normal, y por supuesto era lo más chistoso del caso porque nada era normal. Estábamos enfrentando una experiencia inusual y mi actitud debía ser la de aceptar la situación y, con equilibrio, hablarles a mis hijos de las circunstancias, sin necesidad de asustarlos, pero enseñándoles con seguridad a asumir sin miedo las expectativas de un huracán y los posibles efectos devastadores del mismo en nuestra zona y en otras ciudades del estado de la Florida.

Mantenerse en equilibrio no es obviar las situaciones, tratando de ignorar lo que está ocurriendo; por el contrario, equilibrio es conocer la realidad y aceptarla con una actitud mental, física y espiritual mesurada. El equilibrio mental te permite pensar detenidamente en las estrategias necesarias para asumir en un momento de crisis desenfrenada, el autocontrol. Este te permite poner las emociones a un nivel en que pueden ser manejadas por ti y no para que estas te dominen. Al mismo tiempo que puedes elegir las emociones positivas y ponerlas en un primer plano en tu vida, necesitas desechar las negativas o tenerlas controladas en un nivel bajo, de manera que no interrumpa la toma de decisiones para lograr adaptarte a los cambios producto de las situaciones nuevas.

Después de pensar con mesura, asumiendo el momento controlando las emociones, necesitas pedirle protección a Dios para que haga lo que tú ni nadie puede hacer por nosotros y, como decía el acróbata: el último paso para tener éxito sobre la cuerda floja es entregarse a Dios porque solamente Él podía protegerlo en medio de aquellas circunstancias donde el equilibrio natural desaparece.

Cuando hay cambios negativos y enfrentamos la sensación del desequilibrio en nuestra rutina diaria. No vemos que posiblemente esos cambios traigan consigo oportunidades para mejorar las situaciones que visiblemente se veían cómodas y normales, pero que en el fondo no estaban permitiendo el crecimiento como individuo integral. Definitivamente creo que no venimos al mundo para encontrar comodidad y estabilidad; todo lo contrario, venimos para crecer y ser mejores que ayer.

La comodidad y la estabilidad pueden significar grandes tropiezos, originando fuertes estancamientos, que no nos permitirán impulsarnos a buscar y a encontrar en nosotros mismos las herramientas con las que fuimos dotados para elevarnos, de modo que aprendiéramos a saber llevar la vida entre constantes cambios.

La rutina basada en un concepto de desear mantener y proteger todo intacto, sin que nada nuevo pase, el amarrarse a lo material en vez de conectarse con lo verdaderamente esencial y eterno, nos hace personas incapaces de recorrer con éxito la cuerda floja de la vida misma. Además de no permitirnos utilizar las herramientas con las que nacimos, formando y fortaleciendo los músculos espirituales, inminentemente necesarios para continuar el proceso natural de crecimiento de manera equilibrada.

En medio de situaciones difíciles y complejas, nuestra actitud no puede ser otra que la de asumir con fortaleza y coraje los hechos, pues no los podemos evitar y mucho menos ignorar. Ese fue el caso con el huracán. En momentos como esos pensamos: ¿Qué más podemos hacer? Además de seguir las recomendaciones y obedecer a las autoridades, te diré que lo único que podemos hacer es orar, pidiéndole a Dios su protección para todos. ¡Te imaginas qué sería de nosotros si ante circunstancias adversas, todos al unísono estuviéramos orando en vez de estar quejándonos tanto? ¿Te imaginas un mundo tan diferente frente a nosotros?

Hay momentos en los que no podemos hacer nada y nos sentimos impotentes ante las circunstancias. La próxima vez que sientas eso, no olvides además de la oración, recordar lo importante que es hacer una pausa. Esto es simplemente como estar en un silencio espiritual, ese silencio es parte de la acción. Un gran amigo me dijo que la vida se parece a una gran orquesta en la que todos estamos tocando un instrumento, pero hay momentos en que la partitura frente a nosotros nos señala no tocar porque viene una pausa. Esto no significa que no formas parte de la orquesta; por el contrario, quiere decir que sigues estando presente.

La pausa es también parte de la música. Es tu momento de esperar proactivamente porque necesitas seguir enfocado en tu partitura, esperando ver la nota en el pentagrama, la que te señalará tu turno para tocar tu instrumento. Estar en pausa no necesariamente es estar inactivo, es el tiempo para estar vigilante desde nuestro punto de espera, preparándonos para saber reconocer dónde, cómo y cuándo entramos nuevamente a tocar las notas responsables de producir una bella melodía.

¿Te has puesto a pensar alguna vez que cuando todo nos va bien, y muy bien, también necesitamos mantener el equilibrio? Hay personas que en medio de situaciones positivas en las que todo brilla —porque las ventajas profesionales, personales o familiares son muy buenas—, pierden la mesura llegando a un desequilibrio personal.

Es muy normal, cuando todo está marchando bien, pensar en simplemente disfrutar y en nada más. Esto último es el primer síntoma para empezar a perder el control de los momentos especiales de la vida. Definitivamente es importante disfrutar las bondades de las situaciones positivas pues son producto de bendiciones, de nuestro esfuerzo, del sacrificio por mantener el enfoque y el equilibrio en las metas, las cuales por lo general nos dan el resultado esperado.

También nos puede ocurrir que recibamos sorpresas afectándonos de manera muy positiva, sin haberlas esperado, ni siquiera haber sospechado en otras etapas de la vida; quizás porque las veíamos como imposibles de alcanzar o simplemente no las veíamos.

Estas cosas pueden acontecer en tu vida y lo más prudente siempre será sacarle el mayor partido a los momentos positivos, viviendo con el equilibrio necesario. Es acertado pensar que no solo la obtención de los resultados son producto de tu propio esfuerzo, también lo son las grandes bendiciones; es decir, los grandes regalos de Dios para cada uno de nosotros. Por eso es muy necesario siempre empezar cada día agradeciéndole todo lo bueno que hay en nuestra vida y a nuestro alrededor. Algunas veces ignoramos todo lo positivo existente en nuestras vidas y no reconocemos, a pesar de su notable presencia, los efectos de las bendiciones.

La primera recomendación es ser agradecido y de este tema te voy hablar más adelante en el capítulo de la gratitud, donde podré ampliar la idea; sin embargo, es necesario comenzar por este paso antes de embriagarte con la carga de entusiasmo y felicidad que traen los buenos momentos.

La segunda recomendación es que te enfoques en el propósito de extraer de ti toda la humildad almacenada en tu interior, disponiéndola como escudo de protección, para que su carencia no te brinde como resultado una caída en el vacío de la arrogancia y la prepotencia. Estas pueden venir a tu vida como ladrones, deseando apropiarse de tu felicidad, arrebatándote la esencia verdadera del momento presente.

La tercera recomendación es que tomes en cuenta a las personas a quienes puedas ayudar o afectar positivamente con lo que a ti te ha sucedido. Cuando llegan los momentos de felicidad, ya no buscamos a los demás como lo hacemos cuando todas las cosas nos van mal y necesitamos manifestar todas las quejas acumuladas en nuestro interior, sin conocer muchas veces los problemas y angustias de los otros.

Busca entonces a las personas a las que puedas beneficiar con tus nuevas posibilidades y bendiciones, llevándoles no solo la muestra de tus logros, sino mostrándote dispuesto a extender esos buenos momentos a otros. Cuando tenemos buenos momentos y triunfamos, no debemos guardarlos celosamente. Al contrario, esas bendiciones son para hacer algo importante con ellas, extendiéndolas, replicándolas, como si se tratara de ondas sonoras. Lo que no compartimos no dura. No lo olvides. Partirá de nuestra vida como cuando tratamos de mantener el agua en nuestras manos y se escapa entre nuestros dedos, dejándonos solo la humedad. La bendición de tener el agua es para cuidarla, conservarla y compartirla con otros, ya que si permanece solo en tus manos se malgasta y, lo peor, se acaba sin saciar nuestra verdadera sed.

La cuarta recomendación es que no olvides seguir activo porque muchas veces nos estacionamos en los buenos momentos, sin pensar en la posibilidad de los conflictos, las caídas, los retrasos, los obstáculos que se pueden presentar atacándonos sin ningún aviso. Es muy importante en esos buenos momentos considerar la manera de continuar en la búsqueda del siguiente paso, el cual necesitamos dar para seguir enfocados en la misión de la vida.

La felicidad, la fama, la fortuna, la abundancia, los reconocimientos y el poder te pueden desenfocar de tu propósito principal. Por ello, la balanza se inclinará más a un lado que al otro, produciendo las mismas consecuencias negativas a los momentos de dificultad, representando así la pérdida del equilibrio necesario para continuar.

La quinta recomendación es que continúes actuando con disciplina porque si has llegado a un fin, todavía te falta mantener el resultado de ese logro y seguir en el camino para saber llegar a las siguientes metas planificadas por ti en el mapa de tu vida. Algunas veces cuando alcanzamos una meta importante, sentimos cierta sensación de comodidad, siendo esta misma la que nos impide salir de esa etapa, limitando nuestro enfoque, el cual es muy necesario para continuar buscando con claridad la próxima ruta idónea y así llegar al siguiente punto.

Recuerda que estás dotado con las herramientas claves para alcanzar el nivel que te llevará a tener una vida plena. Por eso necesitas reconocer en ti mismo esas herramientas, entender para qué son útiles, convirtiéndolas en tus fortalezas, ayudándote a ti y a todas las personas con las que seguramente te vas a relacionar. Venimos al mundo a dar, y a dar mucho. Te sorprenderá que al dar, recogerás muchas bendiciones. Dios siempre te estará vigilando porque Él no te pierde de vista. No existe mejor equilibrio que el de la persona que se para y camina sobre su cuerda floja y dice: «Hoy voy a hacerlo mejor que ayer, no solo por mí, sino por los demás». Tal como el acróbata que con todas las expresiones de alegría del público siente compensado el esfuerzo, los sacrificios y la disciplina para mantener el equilibrio hasta llegar a la meta. El equilibrio es un paso importante en el camino. Así que revisa tu GPS y sigue las instrucciones para descubrir *la belleza de saber vivir*.

En resumen, los pasos para comenzar a buscar el equilibrio son:

1. Descubre y acepta tus capacidades y valores.
2. Prepárate para fortalecerte física, mental y espiritualmente.
3. Enfócate en el propósito positivo de tu vida.
4. No dudes de tus capacidades, mantente firme dando lo mejor de ti.
5. No tengas miedo a los cambios.
6. Confía y entrega a Dios todo aquello que no puedes equilibrar por ti mismo.
7. Y comienza a caminar por tu cuerda floja, recordando estos consejos para mantener el equilibrio necesario que te permitirá sostenerte.

～

Amigo(a), escribe en la línea en blanco tu nombre y repítete a ti mismo:

_____ sigue

_____ continúa

～

Ahora prepárate y pon atención a las indicaciones de tu GPS para
que sepas cuál es el siguiente paso para continuar tu camino.

 Evite la salida «Temor» a la izquierda, y tome la calle «Autocontrol»
a la derecha.

 Continúe por la calle «Seguridad», con precaución de no desviarse
por la salida «Descontrol».

 Proceda hacia la calle «Balance» sin desviarse por la salida
«Culpa». Posteriormente cruce a la derecha en la calle
«Disciplina».

 Regrese al camino principal en dirección norte para recorrer la
calle «Prioridades» y finalmente la calle «Acción».

 Tome el camino principal evitando la salida «Ignorancia», y siga
rumbo norte en dirección a «Liderazgo».

El liderazgo

Hacía frío pero nunca como en los estados del norte de Estados Unidos. Qué agradable es la temperatura de los días decembrinos en el sur de la Florida, cuando ya el calor y la humedad desaparecen dejando el cielo azul con una claridad y un resplandor muy particular. Ese espectáculo solo se puede admirar en la época de diciembre. Esa mañana desde muy temprano, todas las estaciones de televisión estaban transmitiendo la jornada de las votaciones, los periodistas hacían los comentarios y los pronósticos referentes a los acontecimientos del gran día de las elecciones, para decidir quién sería el nuevo presidente de la nación estadounidense.

Mi familia y yo nos sentamos en la mesa de la cocina para desayunar y desde allí estuvimos siguiendo paso a paso cada una de las incidencias de esa mañana tan especial e inolvidable. Cada elección de un líder deja huellas en la memoria de su pueblo, invitándolo a realizar uno de los actos más simbólicos de la libertad, como es el derecho a votar en pro de las convicciones sobre la justicia, la lealtad, el compromiso, la responsabilidad, la honestidad, la solidaridad y el bien común.

Por eso salimos a elegir a un líder, para que represente el sentir de la mayoría de un pueblo con la posibilidad de ver en él, un nuevo camino de seguridad, progreso, bienestar, dentro de un clima de equilibrio. Esto último es imprescindible en un líder. Todas las personas de una nación tienen la necesidad de ser dirigidas por alguien que haya alcanzado en gran medida el equilibrio en sus ideas, en sus criterios. Alguien que tenga control de sus emociones, alguien que sea un hombre o una mujer que tenga madurez a la hora de tomar decisiones. Alguien cuyas decisiones se traduzcan en prosperidad para su pueblo porque, de lo contrario, implicaría la desgracia para sus seguidores.

Por otra parte, el líder siempre debe mostrar la capacidad de ver hacia el futuro. Debe tener una visión firme en cuanto al servicio al prójimo, cuidando de ellos, utilizando sus conocimientos, su experiencia para identificar dónde están los obstáculos y los baches del camino. Debe ser un trabajador incansable para solventar las fracturas del pavimento, convirtiéndose este en la vida misma por la cual circularán todos los habitantes de su nación.

Ese mismo día, mi hijo menor Diego me hizo una pregunta muy significativa, ya que era una de esas oportunidades en que los padres queremos experimentar para canalizar las inquietudes de nuestros hijos. Llevándolos así por senderos verdaderos y alejándolos del contagio de ciertas reacciones humanas de algunos líderes, a quienes vemos en el día a día. Líderes carentes del equilibrio para ser ejemplos a imitar, aun cuando por lo general disfruten de una altísima notoriedad y popularidad. Líderes que viven en un gran mundo de falsedad.

Mi pequeño que solo tenía para ese momento unos seis años, estaba muy emocionado porque en su colegio había tenido toda una semana llena de charlas en las que les explicaban a todos los niños de su grado la importancia simbólica de aquel día de elecciones para la nación. Mientras tomaba su desayuno, mantenía la curiosidad ante todo lo acontecido en la pantalla del televisor. De repente, en un momento se volteó y me preguntó: «Mami, ser líder, ¿es bueno?»

Claro que es bueno, pero lo más importante es qué tan bueno es el líder. Muchos pueden identificarse y retratarse como tales, pero los buenos líderes son pocos. Ese es el mayor problema del liderazgo. Y es un problema por la cantidad de personas que siguen a los líderes. Y es peor si se trata de uno a quien le resulta grande el cargo porque su poder ciega las voluntades con la falsedad de su palabra, roba las ilusiones, socava la confianza de sus seguidores, prometiendo y ofreciendo lo que nunca ha tenido ni en su mente, ni en su corazón, ya que carece de la verdad.

El poder del liderazgo es un tesoro que necesariamente debe trabajar al servicio de los demás. Es la plataforma que sirve para realizar cambios notablemente positivos en la vida de los seguidores, que no deberían perder la credibilidad en su líder. El líder honesto produce buenos resultados en la gente que lo apoya, por lo tanto se convierte en un ejemplo a seguir.

HONESTIDAD + VALORES = CREDIBILIDAD

La honestidad es una de las cualidades humanas más necesarias en un buen líder. La honestidad consiste en tener actitudes congruentes con lo que se piensa. En comunicarse con la coherencia y la sinceridad necesarias para ejecutar una función excelente para la comunidad. La sinceridad debe ajustarse a los valores como la justicia, la equidad y otros que reflejen el liderazgo personal y profesional de la persona.

La honestidad expone la decencia del líder en la rectitud de sus acciones, ya que sus intenciones están por encima de sus propios deseos e intereses. El líder honesto no engaña, no oculta, no hace trampas para que otros caigan y mucho menos critica de manera destructiva a sus colaboradores ni a sus enemigos.

El buen líder sabe vivir con sus valores poniéndolos por delante de todos los problemas y de todas las personas. El líder, antes de exigir a los demás claras respuestas de sus acciones, demuestra y refleja una actitud honesta en su vida como también en la propuesta de soluciones.

Como es lógico, el hombre a través de la historia siempre ha deseado lograr el éxito en la actividad o en la empresa en la cual centra todos sus esfuerzos, pero en muchísimos casos ha obviado la sintonía indiscutible entre los valores éticos y la productividad, los cuales deben ir de la mano. Terrible error han cometido muchas empresas, instituciones, organización y personas, caracterizadas por un liderazgo fundamentado en bases débiles y premisas falsas.

Hay demasiada sangre derramada por esas malas razones, demasiados recursos y dinero perdidos. Quizás esos errores no se ven en un plazo corto, pero con el paso de los años llevan a empresas y a países a la quiebra, produciendo la desgracia y la pobreza de sus trabajadores o de sus habitantes. Desafortunadamente, casi siempre aprendemos después de mucho dolor y sufrimiento, a pesar de todas las advertencias que Dios nos da todos los días. Hoy por hoy muchas compañías y organizaciones buscan prioritariamente líderes, afiliados y trabajadores honrados, que tengan valores éticos para el desempeño de sus actividades. Esos valores se ponen en evidencia al momento de enfrentar los momentos difíciles en la vida comercial, empresarial e institucional.

Por otra parte, la credibilidad, para mí, es una de las características más importantes para llegar a ser un buen líder. Aunque tu meta no sea ser el presidente de tu país, es necesario revisar y estudiar el liderazgo como un paso en el recorrido por el camino del mapa de tu vida. La credibilidad es una fortaleza que te será útil tanto en tu vida personal como profesional. La credibilidad no debe faltar en el liderazgo. La credibilidad impulsa nuestro crecimiento.

Siempre vas a desempeñar la función de liderizar en cualquier manera. Se te presentarán innumerables oportunidades, desde realizar las labores de tu hogar, con tu familia e hijos, hasta en tu trabajo, aun cuando tu función dentro de la empresa u organización no sea la de jefe o director. Hoy más que nunca las empresas se enfocan en la búsqueda de personal con capacidad para ser auténticos líderes que lleven a cabo —con su experiencia y sus cualidades—, la exigente tarea de ser eficientes. Eso recompensa ampliamente a su equipo y a sus compañeros.

Además, genera una estrecha relación de confianza con los demás, lo que a su vez es premiado con la aceptación de los productos o servicios por parte del cliente o público. Ellos, en definitiva, son quienes notarán la diferencia no solo en la calidad de los productos o servicios, sino en la actitud de los empresarios y de todo su equipo de trabajo, permitiendo al consumidor o a los seguidores, mantener la credibilidad.

Para tener y mantener la credibilidad es fundamental tener valores y creencias. Esto es necesario para comunicarlo de manera efectiva a las personas a quienes pretendes captar e influenciar con tus principios. Un verdadero líder no pierde de vista nunca su credibilidad, sabe perfectamente en qué se fundamenta no solo su poder en el presente sino también para el futuro.

Con el paso de los años las personas cercanas al líder, como sus seguidores o su equipo de trabajo, podrán percibir la transparencia en los hechos realizados. El buen líder siempre da el mejor ejemplo haciendo lo que predica en cualquier circunstancia, en los buenos y en los malos momentos. La credibilidad se promueve mediante la constancia en el compromiso para brindar lo mejor de uno, conociendo la vulnerabilidad de los seres humanos, los cuales aun cuando fallamos, como líderes nunca debemos defraudar.

Constantemente, a pesar de nuestras limitaciones, debemos decir la verdad, defendiendo con hechos nuestros pensamientos y emitiendo opiniones acerca de las situaciones basados en el conocimiento real. Esto último es esencial para actuar en concordancia con su escala de valores, la cual distingue al buen líder. Esa escala de valores hace que el buen líder actúe con congruencia y fortaleza, permitiendo al líder ondear siempre la bandera de la credibilidad.

A pesar del cúmulo de conocimientos y experiencias obtenidas, el líder siempre estará en la búsqueda de una mayor preparación, de aprender y de oír a sus seguidores o a los miembros de su equipo de trabajo. El líder escucha y toma en cuenta a la gente y, más que eso, sabe ponerse en su lugar, aunque no haya experimentado los problemas o inquietudes de otro.

Ponerse en los zapatos de los demás es parte de las características de un buen líder, que debe contar con el entendimiento necesario para sostenerse en ese umbral, dirigiendo a su equipo como un conocedor y guía del camino, no importándole vivir con su gente los mismos momentos de incertidumbre, porque siempre sabrá establecer una relación estrecha con los demás, brindándo-les seguridad y confianza.

El líder tiene la capacidad de guiar a otros cuando puede dirigir-se a sí mismo, si conoce quién es en realidad, si reconoce sus valores y las herramientas personales que puede usar, realizando con estas una labor positiva para él mismo y para las personas en general.

El buen líder se une a sus seguidores en la persecución de una misma causa, sin perder en ningún momento la actitud positiva. Actitud que debe ser basada en la aceptación de los hechos, sin desviar el enfoque de su propósito de vida y alcanzando las metas de cada día con el equilibrio necesario. Hay que considerar también que la esperanza, en buena medida, hace parte de su historia.

La visión y la esperanza

La esperanza es una de las herramientas imprescindibles para un buen líder, ya que su desempeño personal y profesional no se debe basar en él mismo, sino en su conexión con Dios. Él nos concede este regalo para que no perdamos la estabilidad en el transcurso de nuestras vidas. Todo en la vida puede fallar, pero Dios nunca falla.

El líder revestido de esperanza mantendrá una actitud humilde y entenderá siempre las limitaciones sujetas a su propia visión, reco-nociendo la existencia de circunstancias imposibles de ver anticipa-damente. Con la esperanza, el líder podrá ampliar el espectro de su visión y ver con mayor claridad cuáles pueden ser sus actuaciones y ejecuciones en las diversas situaciones por enfrentar.

El líder necesita instruir a sus seguidores con las bondades de la esperanza. Muchos no conocen las propiedades de esta gran palabra, que puede cambiar el curso de sus vidas al descubrir el poder que contiene.

El líder debe estar en constante proceso de inspiración para motivar a sus seguidores con el buen uso de sus aptitudes, el manejo coordinado de sus palabras y las actitudes positivas. Todo eso juega un papel importante en cuanto a la emoción que genera en su público o equipo, produciendo así las respuestas esperadas. De esta forma la razón y el corazón se unen en un solo objetivo para alcanzar las metas fijadas por el líder.

Los buenos líderes de la historia tuvieron grandes sueños y, por lo general, una amplia visión. Ellos veían por encima de las circunstancias de aquellos momentos, con la total certeza, convicción y esperanza de que se harían realidad en el futuro. En la mente del líder esas situaciones no son una posibilidad, si no que son un hecho real.

El buen líder sabe enfrentarse con los problemas identificándolos como importantes desafíos, poniendo su esfuerzo en encontrar las soluciones sin quedarse atascado en las garras del problema como tal. El líder suele proyectar imágenes positivas a sus seguidores inspirándolos para que sueñen, de manera que capten de igual manera su visión.

Por eso es muy importante distinguir la verdad en el sueño del líder y, más aun, es imprescindible conocer si está basada en buenas y loables intenciones. Se necesita tener un retrato nítido de las acciones del líder con respecto a sus palabras pues esto marcará con tinta indeleble la sinceridad de su corazón, convirtiéndose en el mejor autógrafo. El autógrafo que todos querrán tener sobre la fotografía de su líder.

Un buen líder no siempre logra sus sueños. Le pasa lo mismo que al común de las personas. El líder es definitivamente una persona común, como todos los seres humanos. La distinción radica en que debe estar sumamente motivado, a diferencia del resto de la gente. Con esta actitud puede desarrollar todo su potencial y canalizarlo de manera productiva por una determinada dirección. Por lo general, cultivamos ideas equivocadas en relación al líder, considerándolo un constante realizador de sus sueños; alguien que siempre alcanza sus objetivos y mucho más.

Sin embargo, erramos si creemos eso. No siempre el líder logra lo que ambiciona, a pesar de que se enfoque en sus metas. Es muy importante entender esto bien para no crear falsas expectativas en cuanto a las potencialidades de un buen líder. El líder también pierde y falla, mucho más que el común de las personas, por el hecho de que se arriesga más. A pesar de eso, se mantiene activo, perseverante y con la constancia necesaria para lograr sus sueños, en vez de sentirse derrotado e inseguro.

Cuando el buen líder deposita su esperanza en Dios, no espera por parte del mundo la respuesta a sus deseos. De esa forma se siente totalmente seguro, con su confianza depositada en lo que no puede ver fácilmente. Sin embargo, cree en ella como si se tratara de una inversión garantizada.

El autocontrol

El líder, al hacer de su esperanza una inversión a prueba de pérdidas, logra estabilidad en su corazón y en su vida. Con Dios nunca perdemos, Él es un vencedor. El buen líder percibe el beneficio de continuar actuando con esperanza. Si no continúa creciendo, se va estancando y, por ende, encontrará en su camino la muerte de sus aspiraciones. La vida está constantemente probando la eficacia del líder, tratando de destruir su esperanza con la intención de desestabilizar su autocontrol y la confianza en sí mismo.

A diferencia del resto de las personas, el líder reconoce las buenas oportunidades, esas que están veladas tras las caídas y los fracasos. Por supuesto que el líder no va a sentir satisfacción al no obtener el éxito deseado en la meta propuesta, pero tampoco se dejará derribar sufriendo una desilusión en su vida. Para él, una meta específica no constituye el todo de su visión, ya que esta yace por encima de cualquier objetivo. Por lo tanto, al no obtener resultados positivos, deberá continuar planificando nuevas metas, mayormente encausadas a proporcionar resultados óptimos y precisos que le impulsen a seguir persiguiendo su propósito de vida.

Muchas veces el éxito producto del liderazgo queda diferido en el tiempo más de lo que pensamos. El logro de las metas, por lo general, requiere un proceso de madurez que pasa por diversas pruebas, permitiéndole al líder reafirmar sus valores y sus creencias junto a sus seguidores. La espera de la llegada del éxito pone al buen líder en tela de juicio frente al mundo y es en ese momento cuando su liderazgo se reafirma haciendo buen uso de herramientas como la perseverancia, la constancia, la esperanza, la valentía, el autocontrol, la credibilidad, la responsabilidad y la visión en el propósito de vida.

El buen líder se sostiene en el frente de batalla sin miedo, sin ser presa del temor, porque a pesar de sentir esas amenazas lucha firmemente en contra de ellas para no caer en sus redes.

El buen líder reconoce el mensaje de Dios cuando las puertas se cierran frente a él. Sabe distinguir los momentos cuando no debe forzar ni atravesar esas puertas, porque requiere un tiempo de espera antes de poderlas abrir. El buen líder entiende que para conseguir ciertas cosas, estas deben estar sujetas al plan de Dios. Él, muchas veces, no nos permite obtener lo anhelado porque definitivamente no nos conviene. Dios utiliza esos lapsos de tiempo y aun cuando no sabemos a ciencia cierta por qué no nos conviene lo aparentemente positivo, nos revela su intención de perfeccionarnos, para entonces abrir las puertas a nuestro crecimiento integral y no a nuestro deseo.

Me imagino que muchas veces te habrás preguntado por qué no se hace realidad el sueño o la meta que deseas y que es tan beneficiosa para ti. Lo bueno para alguien no necesariamente es un beneficio por parte de Dios y en esto debemos reflexionar. Muchos hechos o situaciones aparentemente buenas, a la larga no lo son. En otros casos, lo que sí pudiera ser positivo para uno como persona o como líder dentro del entorno familiar o en el laboral no está al alcance, ya que es necesaria una preparación previa para obtenerlo.

Algunas circunstancias, en vez de ayudar, pueden convertirse en una gran cadena de problemas que terminan asfixiando a la persona y, por ende, a quienes le siguen. La fórmula para ser un buen líder se basa en captar el mensaje de Dios sin caer en la desilusión que causan las metas imposibles de alcanzar, utilizando los beneficios de la aceptación y manteniéndose consciente de la proximidad de un cambio o transformación hacia un camino mejor y más positivo.

Como mencioné en el primer capítulo sobre la aceptación, con el buen uso de este concepto podremos hacer frente a las situaciones viviendo la realidad, quizás con dolor, pero sin sufrimiento. Este último impide que continuemos motivados y en acción, buscando dentro de nosotros las herramientas necesarias para combatir. Si no contamos con esas herramientas, Dios nos provee del tiempo para aprender como obtenerlas, de manera que estemos preparados para seguir enrumbados por nuestro camino.

El buen líder necesita, en los momentos difíciles, seguir enfocado en su propósito de vida, ejerciendo el autocontrol que le capacitará para evaluar las situaciones o problemas por resolver con la serenidad y la entereza para tomar las decisiones más adecuadas, produciendo desenlaces positivos y cumpliendo así con su misión de liderazgo.

La decisión

En la acción, el líder se topará con una variedad de posibilidades al momento de tomar decisiones. Esto es lo que necesitamos hacer todos los días los seres humanos: saber decidir. Hay personas que no toman decisiones, solo se dejan llevar por las situaciones. Ese es un camino seguro al fracaso en cualquier área de sus vidas. Es importante, por tanto, saber tomar decisiones y entender que no todas resultarán, por eso hay que realizar un análisis profundo sobre la situación en cuestión. También es vital consultar a otras personas preparadas en la materia ya que nos pueden dar información valiosa al momento de tomar decisiones; por supuesto, nunca debemos olvidarnos de verificar las direcciones marcadas en nuestro GPS.

Se ha comprobado en diferentes estudios de psicología realizados en los últimos años, que las decisiones basadas en el instinto personal se acercan más a la verdad, en contraste a las tomadas en base a la razón o al proceso de análisis de los individuos. Por eso es tan importante oír esa voz interior basada lógicamente en nuestra moral innata y no en nuestros propios deseos o emociones. Las personas de todos los ámbitos sociales, de diferentes culturas, religiones, razas, profesiones y desde todos los rincones de la tierra siempre se hacen la misma pregunta: ¿Cuál será la decisión más acertada?

Antes de tomar decisiones, el buen líder necesita realizar un plan de acción para definir a ciencia cierta sus metas, los objetivos de estas y las prioridades, ya que no pueden cumplirse todas al mismo tiempo. Por lo tanto, es relevante enumerarlas en orden de importancia y en consideración a su posible impacto en la calidad de vida que se desprenderá de la ejecución de cada meta.

Las decisiones se ejecutan para optar a una mejor situación o lograr una mejor solución, por lo tanto deben resultar en beneficios para la persona y no en mayores enredos para su vida. Una vez bien definidas las metas, se empiezan a buscar las posibles acciones que nos incorporarán al camino hacia el logro de las mismas. De esas acciones, necesitamos identificar las que son compatibles con nuestra vida o la compañía en donde nos encontremos trabajando.

Cuando comento sobre la importancia de la compatibilidad de la decisión tomada con respecto a tu persona o con el área de tu profesión u oficio, es porque es vital lograr la tranquilidad de uno mismo en concordancia con las decisiones tomadas. Esto solo se obtiene cuando se pone sobre la mesa y se estudia en profundidad cuáles son los objetivos de las metas en particular, de qué forma afectan o intervienen los valores éticos en la toma de la decisión idónea y, por ende, no podemos olvidar la misión de vida en el caso personal o cuál es la misión de la organización de la que formamos parte. Estos tres componentes como los objetivos, los valores y la misión, son imprescindibles al momento de determinar cuál es la decisión más acertada para alcanzar la meta.

Diariamente tomamos decisiones. Además, vivimos en el presente con las que tomamos en el pasado. Si haces un análisis detallado de todas las decisiones bajo las que vives actualmente, podrás clasificar las que han sido más apropiadas y las que no. Una vez realizado este ejercicio, estarás en condiciones de evaluar los resultados sin dejarte influenciar por el malestar que puedan producirte las malas selecciones. Te permitirás ver en tu recorrido por la vida particular o profesional, las circunstancias derivadas de tus hábitos, actitudes o emociones, en comparación con tus habilidades actuales y el cúmulo de experiencia obtenida en el tiempo. Todo eso te dará una proyección más clara de cómo modificar lo que se necesita cambiar, ya que casi siempre nos acostumbramos a tomar decisiones basadas en la manera en que lo hicimos en el pasado.

De hecho, algunas veces lo hacemos sin meditar mucho en ellas puesto que se convirtieron en una costumbre. Por ejemplo, nos apresuramos a decidir algo porque solemos hacerlo de una forma determinada y no profundizamos más en ello. Por eso volvemos a darnos con la misma piedra. Quizás no provoquemos resultados inconvenientes, pero tampoco conseguimos otros mejores.

Otro caso puede ser cuando la persona o el líder no toma decisiones en el tiempo preciso, de modo que el momento oportuno para hacerlo pasa delante de sus ojos sin poderlo retener. Esto puede ser producto de la inseguridad en sí mismo o de la falta de suficiente información sobre el problema. Muchas veces ocurre que el individuo se forma el hábito de sentir temor frente a los problemas, retardando así el proceso de escogencia de la decisión más conveniente.

Los seres humanos estamos conformados por una gran cantidad de hábitos. Es asombroso observar en un solo día todas las consecuencias de nuestros propios hábitos. Quizás hagamos lo mismo siempre marcados por los años, sin detenernos a pensar la forma de mejorar para cambiar y obtener mayor provecho, desechando por completo el hábito en particular y poniendo en su lugar otro totalmente nuevo que nos proporcione el avance en nuestro crecimiento personal y profesional.

Cuando nos percatamos de la calidad de nuestros hábitos podemos identificar aquellos que son totalmente perjudiciales, eliminarlos y sustituirlos por los beneficiosos y verdaderos que aportarán satisfacción personal o profesional. En consecuencia estaremos listos, como el buen líder para emprender metas y objetivos, desarrollando una conducta más apropiada para los nuevos retos.

Nada ni nadie podrá hacer que cambies tus hábitos. Solo lo harás si te lo propones. Los demás pueden haberte señalado la inconveniencia del mismo, pero si no encuentras la motivación correcta, no lograrás cambio alguno y, por lo tanto, te mantendrás en el mismo lugar obteniendo los mismos resultados. Cuando esto ocurre, muchas veces produce una fuerte depresión, tristeza o dolor, que impide que experimentes algún tipo de superación o cambio en tu vida.

Por lo general, los hábitos requieren de nuestra aprobación, lo que quiere decir que si haces algo bien o mal es porque lo decidiste, nadie te lo impuso. Necesitas decisión para cambiar el hábito que no produzca beneficio. Y, con tu propio liderazgo, debes mantenerte en ese proceso, lo que posiblemente tomará un buen tiempo, hasta lograr resultados positivos.

Eso es muy importante ya que cuando vemos los beneficios del esfuerzo realizado, resulta más fácil continuar en la carrera para llegar a la meta y obtener el primer puesto. No se trata de que las otras personas te den ese primer puesto, lo obtendrás por ti mismo y, aunque nadie te lo reconozca, verás con tus propios ojos la victoria de la superación. Así puedes disfrutar de una de las satisfacciones más grandes como ser humano; es decir, un estado de alegría en el que nos sumergimos por haber cambiado o sustituido ese hábito.

Si no ponemos en práctica el nuevo hábito, seguiremos igual, oprimiendo y hasta enfermando poco a poco nuestro ser. Es probable que en este momento digas: «No es para tanto, un simple hábito no nos puede enfermar». Sin embargo, aunque lo consideres inofensivo en el área personal o profesional, puede convertirse en un huracán con el tiempo. Uno que arrastre consigo hasta los hábitos buenos, dejándonos desprovistos de fuerzas, debilitándonos y llegando, en muchos casos, hasta generar enfermedades.

Por eso es fundamental desechar todo aquello improductivo e ineficiente en uno mismo. Es importante, primero, en términos personales, y luego en las actuaciones con los demás.

Si no cambias con respecto a ti mismo, menos lo podrás hacer con los tuyos y con los otros. Quien intenta cambiar por los demás o por las exigencias impuestas por su trabajo, en el fondo no cambia intrínsecamente y ese hábito externo que estás tratando de incorporar, más temprano de lo que te imaginas desaparecerá, dejando nuevamente el espacio abierto para que retornes a tu anterior comportamiento.

Por eso necesitamos desarrollar una actitud positiva para incorporar los nuevos hábitos, ya que sabemos que los beneficios que arrojarán al crecimiento personal enriquecerán nuestra actividad profesional y nuestra vida familiar. La actitud es la manera con la que reaccionamos normalmente ante las situaciones, los problemas y las personas que enfrentamos a diario.

La actitud que conduce a la persona a comportarse o a reaccionar de una forma específica ante ciertos hechos puede desencadenar en un hábito perjudicial. Por tanto, es primordial evaluar de cerca las actitudes, ya que estas a su vez se forman en base a nuestras emociones y creencias. Por lo general las adquirimos desde pequeños, de modo que a veces reaccionamos como adultos con actitudes que aprendimos o desarrollamos a corta edad. Es así como vemos que a veces tenemos costumbres tan viejas como nuestra existencia, por lo que reaccionamos igual toda una vida. Y pueden estar tan arraigadas a nuestra vida que no nos demos cuenta de que son perjudiciales.

Tal vez ese haya sido el mayor tropiezo en la vida de algunas personas, es decir, su propia actitud negativa. Todo eso puede afectar la vida de otros que, a su vez, pueden reaccionar de manera inconveniente como consecuencia del reflejo producido por esa actitud negativa. La negatividad, por tanto, empaña la vida propia y la de los demás.

En lo particular, creo mucho en la necesidad de saber vivir con actitud positiva. Correr para alcanzar el éxito, pienso, es una pérdida de tiempo que solo deja cansancio y muchas decepciones. En cambio, cuando vivimos con una actitud positiva y exitosa, los resultados son muy diferentes ya que no estás corriendo detrás de nada en especial, solo vas llevando contigo tus propias cualidades, persiguiendo ser mejor.

Cuando enfrentamos todo, pero todo, en la vida con actitud positiva, triunfamos hasta perdiendo, y esto nos hace mejores que ayer. No importa lo que nos cueste, debemos ser mejores cada día haciendo las cosas, pensando, hablando, opinando, sintiendo y decidiendo.

Podemos mejorar, es posible, claro que se puede, no es fácil, requiere tiempo, disciplina, constancia, perseverancia, motivación, voluntad y liderazgo. Es muy importante ser un buen líder contigo mismo. Dios nos ha creado para que podamos llevar adelante nuestro propósito de vida. A nadie se le otorga una misión sin entregarle antes todas las herramientas para acometerla. Estamos dotados de muchas herramientas, cualidades y capacidades con las cuales desarrollamos nuestras aptitudes. Con todo ello forjamos la actitud positiva para vivir, sabiendo que el éxito reside en nosotros, ahora y no al final de la meta.

Muchas veces tenemos un hábito tan tonto que no nos permite ver las cosas de otra manera. Lo peor es que lo trasladamos, sin querer, al resto de decisiones por ejecutar en la vida. El otro día me di cuenta de que en mi baño —al lado del lavamanos—, tengo dos toallas pequeñas limpias, lo supe cuando estaba buscando la toalla grande para secarme las manos, la que se encuentra detrás de la puerta. Así que me detuve a pensar cuántas veces había hecho eso, en vez de utilizar las toallitas que tenía frente a mí.

Realmente no es necesario alejarme del lavamanos con las manos mojadas ya que puedo mojar el piso y me arriesgo a caerme. Con todo esto intento ejemplificar que uno mismo puede entorpecer un proceso, complicándolo más y convirtiéndolo en un mal hábito. En fin, descubrí que nunca había utilizado las toallitas desde su adquisición y eso fue hace más de un año. ¿Por qué, si las compré para utilizarlas, no lo estaba haciendo?

Quizás porque, en mi mente, no tenía registrado que estaban allí para usarlas y continué haciendo lo mismo que antes de comprarlas: seguí secándome las manos con la toalla grande. Nunca cambié el viejo hábito por el nuevo, aunque este por supuesto me aportaría más beneficios y aun cuando sabía la necesidad de eliminar ese hábito, conscientemente no hice nada para cambiarlo por el nuevo.

Los cambios de hábitos son muchas veces más fáciles de lo que pensamos, lo fundamental es conscientizarse de los hechos derivados de esos hábitos. Identificándolos en tu proceder vas a lograr sustituirlos, lo que te permitirá tomar decisiones idóneas. No olvides que la mayoría de las decisiones bajo las que vives hoy son producto de las que tomaste hace mucho tiempo, por lo que se convirtieron en hábitos.

Muchos de nuestros procesos de conducta son reflejo o consecuencia de nuestros hábitos y actitudes, por eso es vital revisarlos de manera detallada, no para sentirse mal consigo mismo como si se tratara de una autocrítica destructiva. No, no es así, más bien debe dirigirse a una crítica constructiva y necesaria, para prepararse asumiendo conductas positivas frente a los problemas diarios, sintiéndose exitoso, tratando de ser mejor que ayer, aun cuando los resultados no sean siempre muy productivos.

Ser mejor que ayer no es un proceso de un día, es de toda la vida. Requiere tiempo, saber esperar, saber escuchar, saber muchas veces comenzar de cero nuevamente... eso es ser verdaderamente exitoso. El que se tropieza y se cae, no importándole levantarse de nuevo, ni quitarse el polvo de la caída, curándose a sí mismo sin dejarse arrastrar por el sufrimiento, al fin triunfará. El que cae y se levanta para continuar su camino mejorando lo que no pudo hacer ayer, perseverando en el intento como el buen líder, seguirá motivado en busca de ser mejor que ayer y alcanzando una actitud positiva de éxito.

El éxito en la toma de decisiones no es cuestión de un día, es un proceso de tiempo y de constancia. A pesar de ello, como he comentado ya, es posible no obtenerlo por mucho esfuerzo invertido en el objetivo. Una buena manera de continuar es contar con las decisiones basadas en los buenos hábitos y en las actitudes positivas, permitiendo que las experiencias dolorosas en los momentos difíciles dejen las huellas del aprendizaje y no del dolor. Tus aptitudes se minimizan cuando le permites al sufrimiento o a la decepción entrar a tu vida, como consecuencia de no conseguir el éxito en la meta propuesta. Recuerda, el éxito lo llevas en ti mismo, las metas pueden ser gratificantes o no; sin embargo, serán exitosas aquellas que además de aportar resultados positivos para el objetivo específico, te brindarán beneficios para crecer como persona integral.

No es llegar a la meta, es cómo llegamos a ella. Para llegar muchas veces se necesita más tiempo del calculado, más esfuerzo del invertido, más preparación de la acumulada hasta el momento y más actitud positiva. No olvides, estás por encima de las metas; y el tiempo bien utilizado es un aliado tuyo, no un enemigo. Los buenos líderes saben que el tiempo comprueba su éxito y este se extiende dejando efectos positivos en muchos casos después de que ese líder no trabaje en la empresa, organización o institución donde cumplía sus obligaciones. Hasta después de su muerte, su éxito personal puede marcar el provechoso destino de sus seguidores y también de aquellos que nunca lo conocieron.

El escrutinio parcial o final de las decisiones de un líder proviene de la comprobación de su éxito en el tiempo. Las decisiones conllevan riesgos, por eso es vital hacerlo con cautela. Las buenas decisiones marcan la salud financiera de la empresa o de la organización en la cual se encuentren operando. La cautela también se puede utilizar para tomar las decisiones más convenientes dentro del entorno familiar.

El buen líder sabe que el crecimiento sustentable en todas las áreas de su vida se consigue en gran medida de manera paulatina, porque cuando se busca un desarrollo de forma rápida o brusca, puede carecer de consistencia o solidez y, por lo tanto, la caída es mucho más peligrosa. Además, origina traumatismo parcial o total en la vida del líder, afectando de igual forma a sus seguidores.

Hay países que han tenido buenos liderazgos que han permitido en el tiempo el crecimiento sustentable de la nación. Esto no significa obviar la existencia de grandes fracasos, pero el balance de los hechos ha sido más positivo. Como ejemplo de esto puedo referirme a Estados Unidos, donde el liderazgo ha estado fundamentado en gran medida sobre los buenos valores de sus líderes.

En este país ha existido una visión de orden y de respeto con una clara planificación hacia el futuro, apoyada en forma realista, y no de manera especulativa, como lamentablemente ha ocurrido en algunos países de Latinoamérica.

Los gobiernos que han existido en la nación estadounidense casi siempre se destacaron por promover procesos de crecimiento social de manera eficiente, impartiendo a través de la educación una cultura organizacional con orden, disciplina, respeto a sus normas y leyes, las cuales por supuesto el estado regula. Ello obliga a los ciudadanos a cumplir las mismas, dentro de una estructura sólida que les permita a sus habitantes la posibilidad de vivir con mayor dignidad.

La responsabilidad

Hay quien se convierte en líder sin estar capacitado para ello. No ha sido preparado y muestra limitaciones a la hora de aportar soluciones para el logro de resultados positivos. Los buenos líderes ejercen un papel importante dentro del sistema de vida de sus seguidores, transmitiendo la enseñanza de principios positivos para el desarrollo de las personas. La gran mayoría de las veces, el líder toma decisiones muy exigentes, pero su responsabilidad se debe situar siempre por encima de las posibles críticas de las que puede ser objeto. El poder del líder se basa también en su responsabilidad, la cual sirve como su elemento fundamental. La mayoría de las personas relacionan el poder con el dinero, quitándole su verdadero significado. El dinero va ligado a la posición social de la persona y no necesariamente un individuo por ser adinerado tiene poder, quizás carezca de ello por falta de responsabilidad consigo mismo y, por ende, con los demás.

La responsabilidad del buen líder se inspira más en los compromisos consigo mismo que con otras personas. El líder emplea la disciplina para optimizar su responsabilidad en sus acciones. Sus buenas intenciones marcan el curso de su vida, poniendo la mayor atención a todo el proceso de ejecución, sin quitarle la posibilidad a sus seguidores o a su equipo de trabajo, de asumir sus propios roles en la consecución de sus metas.

El líder cuya visión es clara sabe delegar en su equipo funciones y atribuciones, fortaleciéndolo, apoyándolo, guiándolo, para que a su vez los que lo integran maduren y puedan responsabilizarse de sus acciones. El líder responsable enseña a las personas de su entorno a ser emocional y mentalmente fuertes para así confrontar las situaciones difíciles y reaccionar con equidad y seguridad en sí mismas.

El buen líder comienza a dirigir mucho antes de llegar a ser presidente de su país, mucho antes de ser director o dueño de una compañía y antes de obtener cualquier título universitario, maestría, postgrado o especialización. Comienza a liderar mucho antes de estudiar algo específico. Y es que existen muchos dirigentes sin estudios formales; personas que llegan a tener liderazgo en sus áreas porque —a pesar de no tener una educación completa— pueden superar ese obstáculo y se automotivan para prepararse, logrando llegar a donde nadie cree que pudieran hacerlo.

Todos podemos ser buenos líderes, y es que de eso se trata: lograr serlo desde el inicio de nuestra vida. Desde nuestros primeros años de infancia el concepto de liderazgo debería formar parte de la educación impartida en el hogar. Aunque creas que no todo el mundo cuenta con la bendición de formar parte de un hogar estable, en que los padres aporten todo su conocimiento e instruyan a sus hijos en esta disciplina, podemos lograrlo. Claro está, para alcanzarlo es imprescindible la voluntad del individuo en la ardua tarea de reconocerse a sí mismo, aunque no tenga quien lo ayude a encontrar el camino.

Es cierto, no es fácil, pero insisto en que cuando un individuo se propone atender a esa voz interior, siguiendo las direcciones que marca su GPS, en cuanto a responsabilidad, voluntad y acción, logra encaminarse hacia el liderazgo.

Definitivamente es imposible para cualquiera de nosotros cambiar el pasado. Como comenté en el primer capítulo sobre la aceptación, las personas no pueden cambiar lo que son. A pesar de que modifiquen su cuerpo, siguen siendo la misma persona. No podemos cambiar las familias dentro de las cuales crecimos, no podemos cambiar el lugar donde nacimos, no podemos cambiar los acontecimientos de los que hemos sido víctimas. Pero podemos modificar las consecuencias negativas de no asumir una posición de liderazgo con nosotros mismos, mirando hacia el futuro, motivados para alcanzar crecimiento personal, profesional y familiar, a pesar del pasado.

Nada ni nadie tiene derecho a quitarte tu esencia, ni tus valores innatos. Recuerda que en tu GPS encuentras las direcciones para poner en curso tu vida e incorporarte al camino correcto con la ayuda de Dios. Nada ni nadie tiene derecho a quitarte la posibilidad de tomar decisiones acertadas para ti y para los demás. Eres en ti mismo un buen líder cuando procuras asumir una actitud positiva ante las circunstancias combinándola con tus aptitudes, fijando metas claras para alcanzar el crecimiento integral de tu vida, logrando así el control en las riendas de tu liderazgo.

La responsabilidad es una de las características más destacadas de un buen líder, y está muy ligada a la constancia en el cumplimiento del deber. Hay momentos en los que las personas sienten dificultad para perseverar en sus buenos propósitos, pero hay que saber que todo lo bueno implica trabajo, el cual debe acometerse con aceptación, con enfoque, con equilibrio y con liderazgo. Esta es la única forma de continuar en la batalla. En la antigüedad, los guerreros solían proteger todo su cuerpo con un material metálico muy pesado, el que en gran medida impedía que su humanidad fuera atravesada con las largas lanzas del enemigo.

Hoy no es una armadura metálica sino conceptual, de modo que cuando las personas no la portan se muestran frágiles ante las adversidades del mundo, por lo que son atacadas por el desánimo y se hacen presas de la desconfianza en sí mismas y esto les lleva a un estado de conformismo. No se arriesgan a tomar ningún tipo de decisión para cambiar el entorno donde se encuentran, llegando muchas veces a enfrentarse con los barrotes de su propia celda, destruyendo sus anhelos, impidiendo su crecimiento y realización como Dios desea, es decir en libertad.

La responsabilidad consigo mismo debe convertirse en un hábito diario desde la infancia, para que durante el resto de la vida se manifieste de manera espontánea y sincera. Por eso es muy importante adquirir desde niños esa característica vital del buen líder.

Recuerdo, hace poco tiempo, una experiencia sobre este tema con mi hijo mayor, Víctor Tomás, en la que una vez más pude comprobar su responsabilidad consigo mismo y con sus compañeros de clase.

Mi hijo tenía un proyecto muy importante que entregar en su colegio. Debía hacer una presentación con sus compañeros en video acerca del tema escogido. Decidieron combinarlo con material fotográfico y entrevistas a personas que opinaron sobre el tema tratado. Grabaron todo con la filmadora de mi hijo. La responsabilidad asignada a Víctor fue editar ese material en su computadora. Pasaron varias semanas trabajando en el proyecto, ya que requería muchas horas fuera del horario de clases. Cuando se reunían, iban definiendo los objetivos del trabajo, buscaban la documentación necesaria, localizaban las fotografías apropiadas para la presentación en Internet. De modo que encontraron el tiempo para adaptarse al horario de sus entrevistados con la finalidad de obtener todos los datos e información que requerían por parte de ellos.

Como imaginarás, me sentía muy orgullosa viendo toda esa actividad por parte de esos jóvenes bien enfocados en su meta. Además, me pidieron que les permitiera entrevistarme y, por supuesto, no me pude negar. Grabamos la entrevista en la sala de mi casa, que fue convertida en un estudio de producción. A pesar de contar con una sola cámara de video, crearon un excelente ambiente con muy buena iluminación utilizando de manera sabia las lámparas del salón.

Me encantó participar en una actividad en la que mi hijo era quien llevaba el liderazgo. Con mucha seriedad, Víctor dispuso de todos los elementos necesarios para la entrevista, buscó el mejor lugar dentro de la sala para colocarme, logrando una buena iluminación, a pesar de no contar con las luces apropiadas para esa labor.

Antes de comenzar la entrevista, mi hijo me dio sus sugerencias de manera muy precisa, por lo que se notaba la noción que tenía del tema. Así pude entender claramente la importancia de mis respuestas para los objetivos del proyecto. Fue un placer ser dirigida por él y su equipo. Me sentí muy complacida por la manera en que realizaron toda la actividad, siempre con una actitud positiva y un claro enfoque en la meta trazada.

En mi experiencia, fui dirigida muchas veces por excelentes directores en el mundo publicitario, realizando innumerables comerciales, como portavoz o imagen principal de excelentes marcas de reconocidas compañías como Maybelline, Revlon, Cover Girl, Oil Olay, Loreal, Procter & Gamble, Kraft, Unilever, Nynex, BellAtlantic, entre otras.

Esas importantes campañas publicitarias fueron promocionadas a través de varios medios de comunicación, algunos de esos comerciales por la televisión de mi país o en diferentes naciones de Latinoamérica. También realicé diversos comerciales para el mercado latino dentro de Estados Unidos, donde fui pionera al convertirme en la imagen de esas marcas tan importantes, a la vez que viajaba mucho promocionando dichos productos.

Realicé innumerables presentaciones personales, firmando autógrafos y siendo entrevistada por diversos medios de comunicación, no obstante nunca antes me había sentido tan emocionada que cuando fui dirigida por mi propio hijo, realizando una sencilla entrevista para su proyecto escolar. ¡No sabes cómo lo disfruté! Son esos momentos los que uno como madre conserva en la memoria sintiendo y reviviendo la emoción al recordarlos.

Una vez que mi hijo y sus compañeros terminaron su proyecto, fue que Víctor comenzó a editar todo ese material en su computadora.

Cuando mi hijo estaba editando las imágenes, recordaba lo que a mis compañeros y a mí nos ocurría en los años ochenta cuando teníamos que editar un material de la carrera de publicidad que estudiábamos. En aquel entonces no contábamos con computadoras, las que hoy pueden tener niños y jóvenes en sus habitaciones. Antes de comenzar un proyecto de ese tipo, los estudiantes tenían que visitar una o varias productoras. Allí, con sus caras de estudiantes desesperados, trataban de captar la atención de algún profesional que se apiadara de ellos y, que sin recibir honorario alguno, prestara su tiempo y los equipos de la empresa para realizar una edición de muy buena calidad.

Los estudiantes, para esa época, debían investigar entre ellos mismos si conocían a alguien relacionado con los medios de comunicación. Alguien que trabajara en una agencia de publicidad o en una productora, y que les permitiera el acceso a una de esas compañías. Ese contacto al final se convertiría en su tabla de salvación.

Gracias a Dios, para aquel entonces yo trabajaba en una productora de video. Fue muy conveniente estudiar mi carrera de publicidad a la vez que trabajaba en una empresa relacionada con esa profesión. Por supuesto que en mi caso fue mucho más sencillo realizar los proyectos de edición y muchos otros, por estar contratada durante todo el tiempo de estudios, en empresas de producción y posteriormente en agencias de publicidad.

También logré ayudar a varios compañeros de estudios a contactarse con ese tipo de compañías. Fue una época muy bonita ya que por el hecho mismo de no tener todas las facilidades que hoy proporcionan las computadoras nos teníamos que reunir mucho más para trabajar, investigar, crear, producir. Eso nos llevó a conocernos bastante y a disfrutar de la amistad y el compañerismo, sin la desventaja que muchas veces produce el avance de la tecnología, por la que la soledad del estudiante se convierte en su compañera frente a su computador.

Mi hijo Víctor estuvo varios días, hasta altas horas de la noche, trabajando en la edición de su proyecto y, el día anterior a la entrega, estaba revisando todo por última vez cuando repentinamente algo terrible le sucedió a su computadora. Se quedó en negro, es decir no respondía, estaba totalmente muerta. ¿Te puedes imaginar la escena? Mi hijo tratando de revivir la computadora, yo caminando de un lado a otro dentro de su mismo cuarto, tratando de pensar en la solución porque al día siguiente debía entregarse ese proyecto para su revisión.

Víctor tenía que responder por sus compañeros y por él mismo. Lo primero que le pregunté fue: ¿Te aseguraste de copiar toda esa información? Inmediatamente la cara de mi hijo se puso como un papel blanco. Pensé que se iba a desmayar, sus ojos se engrandecieron marcando una expresión de susto total; sus labios literalmente desaparecieron, era como si vieras a una persona sin boca, todas las facciones de su cara desconcertaban, se desfiguraron, dando la impresión de que mi hijo se estaba esfumando frente a mis ojos.

No se si te ha pasado, algunas veces cuando haces una pregunta ya sabes de antemano la respuesta. Creo que el hecho de ser madre o padre nos dota de esa habilidad desde el mismo instante del nacimiento de nuestros hijos y con el tiempo se va incrementando su eficiencia. Esa noche, antes que me contestara la pregunta que le hice a mi hijo, ya sabía la respuesta perfectamente: «No, mamá no sé qué me pasó, se me olvidó copiar y guardar toda la información del proyecto».

En ese momento sentí que era yo entonces quien se desvanecía y no mi hijo, que a su vez estaba impresionado porque no podía contar con su computadora. Fue un momento muy difícil. Tratamos de recuperar algo sin la seguridad de lograrlo, estuvimos hasta la madrugada buscando soluciones hasta que mi hijo me dijo: «Mamá, no te preocupes, yo soy el responsable de este proyecto y, por lo tanto, voy a solucionar este problema. Mañana hablaré con mi profesora muy temprano y le pediré un tiempo extra para llevar la computadora a arreglar durante el día y poder sustraer toda la información que tiene adentro».

Por dicha, la profesora de la materia que recibió los proyectos de los estudiantes, conocía muy bien a Víctor y confiaba en su credibilidad, sabía que no le estaba mintiendo ni exagerando. Por supuesto, le dijo que parte de la responsabilidad de su trabajo era también tomar en cuenta la protección del mismo, ya que muchas veces somos responsables hasta cierto punto, pero olvidamos proteger lo que tenemos o a quienes están de nuestro lado.

Fue definitivamente una gran lección para él y para sus compañeros, ya que no solamente le dieron el tiempo extra sino unos días más porque lamentablemente la computadora ya no funcionó y no hubo manera de extraer la edición. Las investigaciones y las fotografías las tenía otro compañero del grupo, pero las entrevistas debieron repetirse todas. Afortunadamente las personas involucradas fueron muy amables, aceptaron ser entrevistadas de nuevo y comprendieron la situación. Yo, por supuesto, tuve la oportunidad de vivir una segunda vez la grata experiencia de ser dirigida por mi hijo y su equipo, disfruté ese tiempo. Por cierto, las segundas veces pueden ser mejores que las primeras. El proyecto les quedó superior al primero porque tuvieron nuevas ideas y preguntas para las entrevistas que realizaron y todo el material llegó a tener mayor soporte para su ejecución.

Fueron premiados en su colegio y tuvieron la oportunidad de competir a nivel estatal obteniendo una excelente calificación. Mi hijo esa noche me dijo: «Mamá, cuando uno es responsable y honesto en la vida, puede superar las dificultades haciendo las cosas cada vez mejor, sorprendiéndose uno mismo. Gracias le doy a Dios por su apoyo y por creer en mí». ¡Qué hermosas fueron sus palabras! Estoy segura de que llegaron a oídos de Dios con mucha ternura y amabilidad.

La amabilidad

La amabilidad es otra de las cualidades que debe tener un buen líder. Esta palabra contiene tanta grandeza y belleza en sí misma, que su significado abarca muchos otros valores. La amabilidad se conoce como el comportamiento o acto caritativo, afectuoso y solidario con otras personas. También engloba otras actitudes como la simpatía, la generosidad, la compasión, el altruismo, el respeto y la solidaridad. La amabilidad es como una joya única que solo destaca en la persona que la sabe utilizar. Es la capacidad y el hábito de actuar sin reservas, sin egoísmos, con la única intención de ayudar al prójimo para que se sienta mejor.

Todo eso es puesto a la orden de cada uno de nosotros para que lo usemos y vivamos bajo la influencia de tan hermosa palabra. La amabilidad es una bendición en sí misma, porque brindar lo mejor de uno sin mirar a quien lo ofrecemos y sin esperar nada a cambio, es la demostración de amor más bella que podemos realizar en la vida.

Quizás si te pones a pensar en las personas que han sido importantes para ti y a las cuales admiras, llegándolas a querer no por tu relación familiar o por trabajar con ellas, sino por su especial manera de haber sido contigo, recordarás la cualidad más notable con la cual se distinguían: la amabilidad. Eso te une especialmente a tales personas, a pesar de no verlas mucho o quizás de no volverlas a ver nunca más. Es tanto que la imagen de esas personas quedarán registradas en tu memoria como símbolo de aprecio imperecedero.

Tengo muchas cosas que agradecerle a Dios, pero una en particular con relación al tema que estoy tratando fue la bendición de haber conocido y compartido en dos oportunidades con una de las personas más representativas de la palabra amabilidad. Ella hacía gala de representar la amabilidad en cada una de sus letras. Era una expresión nítida del saber vivir, daba lo mejor de sí a cada persona con la cual se relacionó, su vida se centró en dar, dar y dar hasta el último día que estuvo entre nosotros. Como buena líder, dejó una huella muy profunda en la vida de muchas personas, millones de ellas en el mundo entero fueron impactadas por su testimonio de compasión con los demás.

Nunca podremos olvidarla, ya que seguirá presente en la memoria y en el corazón de aquellos a quienes protegió. Su mensaje traspasó horizontes consolando y ayudando a muchas personas, aunque nunca la conocieron pero fueron testigos de todo su amor.

La Madre Teresa de Calcuta fue una de las mujeres más destacadas del pasado siglo veinte. Sin proponérselo, se convirtió en una líder espiritual de gran trascendencia, llegando a ocupar un lugar que pocos líderes en el mundo han logrado. Cautivó el corazón de multitudes, no solo porque la conocieron sino porque vieron con sus propios ojos —a través de los medios de comunicación—, su extraordinaria habilidad para hacer posible las cosas sin ningún poder económico, social ni político.

Ella solo contaba con el poder del amor, que mueve montañas, traspasa fronteras, enfrenta los problemas sin temor, alimenta el alma del hambriento, atiende al enfermo que no encuentra cura, entrega su vida, su tiempo y anula sus propios deseos en beneficio del prójimo. Así fue como el mundo conoció a la Madre Teresa de Calcuta, mujer ejemplar que cada día era mejor e inspiraba a otros a continuar en ese camino.

Fui una de esos millones de personas que tuvimos el privilegio de conocerla personalmente, y quizás una de las pocas que tuvo la extraordinaria oportunidad de hablar por unos minutos con ella en una sala de prensa, donde estaba siendo entrevistada antes de salir a dar una de sus emotivas conferencias en nombre de la paz, de la justicia y de la familia.

Fue allí donde por primera vez la vi, en la hermosa ciudad de Madrid, España, a mediados de 1987. La Madre Teresa de Calcuta participaba en un evento muy importante que reunía personas muy influyentes del mundo entero, el «Congreso Internacional de la Familia». Este se realiza todos los años en un país diferente, con la finalidad de exponer y conocer el trabajo realizado en diversas naciones a través de fundaciones como Provida, cuyo objetivo es ayudar, defender y promover las causas en beneficio de la vida y de los integrantes del núcleo familiar.

Antes de convertirme en Miss Venezuela y posteriormente en Miss Universo, deseaba colaborar con programas en favor de la mujer. Fue entonces cuando conocí una de las fundaciones más impactantes por su labor, no solo en mi país sino en el resto del mundo como es Provida, conocida en Venezuela como Provive.

La señora Cristina de Vollmer, presidía en mi país dicha fundación. Ella es una de las personas que también impactaron mi vida de manera determinante. Es ejemplo de mujer luchadora, no solo en pro de su familia, sino de muchas otras y de las mujeres necesitadas de atención, de cuidados, sobre todo de información para obtener conocimientos y formación a través de programas de salud, educación y comunicación que fortalecen el núcleo familiar y fomentan una actitud a favor de la vida en la sociedad.

La señora Cristina de Vollmer ha sido y seguirá siendo para mí una de las personas ejemplares a seguir, por su incansable deseo de llevar a las mujeres de escasos recursos opciones estimulantes para lograr vivir con dignidad. A través de estas líneas quiero agradecerle por haber sido conmigo tan especial, tan cariñosa y tan amable. Siempre me permitió conocer y aprender más sobre temas que para muchas mujeres todavía son un tabú, por carecer ellas de la información y del cuidado necesario.

La señora Vollmer fue la responsable de que yo conociera a la Madre Teresa de Calcuta. Ella, a través de su fundación y de sus relaciones internacionales, liderizando este tipo de eventos, me extendió la invitación a asistir a ese encuentro internacional de la familia como representante de la mujer de mi país y de Latinoamérica.

Mi experiencia en ese congreso fue más que extraordinaria. Por primera vez tuve la oportunidad de ver personas y grupos de muchas partes del mundo, quienes habían desarrollado diversos planes de acción en pro de las familias en sus países de origen y podían dar a conocer los resultados en este tipo de actividades, estimulando a otros a emprender las mismas acciones, desarrollando planes conjuntos y fortaleciendo las relaciones internacionales para obtener más apoyo de los poderes políticos y económicos de sus pueblos.

Todos los años la Madre Teresa se presentaba en ese congreso para promover todas esas iniciativas y dar su visión sobre las situación de la familia en los países donde las hermanas de su congregación estaban trabajando y ayudando a quienes nadie ayuda, a quienes son olvidados por el gobierno de turno y hasta por las personas que pudiendo hacer algo no hacen nada o solo muy poco pueden aportar.

Cuando la Madre Teresa entró al salón de conferencias que albergaba a más de cinco mil espectadores, pudo constatar que en primera fila contaba con la presencia de Su Majestad la Reina Sofía de España, acompañada de distinguidas personalidades de la realeza europea, como también miembros del gabinete español de aquel entonces, personalidades reconocidas dentro del mundo de la economía, la salud, la sociedad, la moda, la belleza y el deporte. Todas esas personas ocupaban las primeras filas y detrás de ellas y a los lados del salón de conferencias se localizaban todos los miembros y directivos de las distintas fundaciones, incluyendo el personal de Provive que participaba año tras año en la actividad.

Esa misma mañana, en una rueda de prensa en la que participé, tuve la oportunidad de conocer a muchas de esas personalidades. Yo estaba allí, entre todas ellas y, por supuesto, no dejaba de impresionarme el conocerlas y ser presentada ante ellas no solo como ex Miss Universo, sino como miembro activo e imagen de una de esas reconocidas fundaciones, como es Provive. Fue un gran privilegio participar, aprendí mucho y me inspiró para nunca dejar de dar a otros que tanto necesitan.

Desde mi llegada, tuve la sensación de que había muchas personas en el congreso haciendo infinidad de cosas buenas e importantes para sus países y, en definitiva, para el mundo; pero muy poco se sabía de ellas a través de los medios de comunicación, muy poco se difundía sobre esas enormes misiones de ayuda y cooperación.

Hoy día, por la versatilidad de los medios y de la información por diversas vías incluyendo la Internet, se tiene más acceso a la comunicación global. Sin embargo, sigue siendo insuficiente dadas las maravillosas iniciativas que se realizan en tantos lugares, donde personas diariamente están enfocadas en el trabajo de dar a otros oportunidades para aprender y mejorar sus situaciones dentro de su vínculo familiar y personal.

En ese mismo salón, preparado para las ruedas de prensa, nos encontrábamos un grupo de personas de distintos países en representación de la juventud de aquel momento. Todos estábamos comprometidos a participar en varios de los temas que iban a ser discutidos posteriormente en diferentes mesas de trabajo.

La prensa española y todos los periodistas internacionales, también se agruparon en aquel salón para realizar diferentes entrevistas a cada uno de nosotros. En la mesa principal se encontraban sentados los directivos y representantes del evento, entre ellos Cristina de Vollmer, que ocupaba su lugar, no obstante al lado de ella había una silla que permaneció vacía por un tiempo esperando por su ocupante.

De repente, sin darnos cuenta, apareció ante nosotros una mujer muy bajita, que reflejaba en su rostro los años vividos, una mujer de apariencia frágil, que llevaba en sí misma una fortaleza de espíritu derivada de su fe, de su constancia, de su compromiso con la vida, de dar cada día más y ser cada día mejor.

Frente a nosotros estaba una mujer que representará siempre uno de los grandes íconos espirituales de la historia. Aunque lo suyo no era posar frente a las cámaras, ni sorprender a nadie con sus actuaciones o declaraciones, lo conseguía no para lograr su propia fama, sino porque toda esa publicidad le venía muy bien a los pobres, a los marginados, a los enfermos y a todas las personas a quienes ella deseaba rescatar en nombre de Cristo, que como ella misma decía, se reflejaba en el rostro de cada víctima con quien se relacionó, con la intención de protegerlas y cuidarlas, apartándolas de las garras del mundo.

La Madre Teresa de Calcuta buscaba el reconocimiento de los pobres para contrarrestar la ignorancia por parte del mundo. Deseaba conseguir fórmulas e iniciativas de apoyo y de cooperación por parte de los gobiernos, de las entidades, de las diversas instituciones y de las personas comunes de cada nación. Su finalidad era señalar los horrores de la marginalidad, de la enfermedad, del hambre, de las carencias de millones de personas en diferentes rincones del planeta tierra.

Con su eterna bella sonrisa en la cara, derretía las murallas de hielo que distanciaban a la gente influyente de la necesitada y muchas veces humillada. Ella no hacía obras sobrehumanas, hacía auténticas demostraciones de obras humanas, llenas de una extraordinaria amabilidad.

Ella comentaba, que todos podemos hacer exactamente lo mismo porque todos estamos llamados a la santidad, pero para lograrlo debemos salir de nuestro ensimismamiento, abrirnos a la vida, a las alegrías y a las tragedias de los demás.

Cuando vi entrar a la Madre Teresa al salón de prensa, mis ojos no podían creer lo que estaba viendo. Mi corazón empezó a latir a mil por hora, mis manos se enfriaron como si cargara hielo, mi boca se secó como impidiéndome decir algo, sentí que mis piernas empezaron a temblar hasta recorrer todo mi cuerpo. Me sentí presa de una gran impresión, aunque estaba consciente de que en cualquier momento la iba a ver entrando. Recuerdo que me paré de mi asiento para verla y no podía moverme de donde estaba. Todo el mundo empezó aproximarse hacia ella y yo, por el contrario, estaba como atornillada al piso.

En ese momento, en que intentaba controlar mi cuerpo, escuché una voz de mujer que me decía: «Bárbara, ven para presentarte a la Madre Teresa de Calcuta». Esas palabras retumbaron en mis oídos y en mi mente. No podía, literalmente, separarme del lugar donde estaba, era como si mi cuerpo pesara toneladas, pero en un solo instante todo aquello que sentí desapareció y fue cuando vi la cara de la Madre Teresa, sonriéndome y pronunciando mi nombre. Solo entonces sentí que flotaba, no tenía peso alguno, era como una pluma, nada me amarraba a ningún lugar. Mis manos y mi cuerpo volvieron a sentir su temperatura normal, mis ojos se llenaron de lágrimas de alegría y mi boca pronunció palabras de agradecimiento por estar viviendo ese inolvidable momento.

Al estrechar mis manos con las de la Madre Teresa sentí que estaba por unos segundos cerca del cielo. Sus pequeñas manos entrelazadas con las mías me dijeron todo lo que habían hecho en el curso de su vida. Capté todo el amor capaz de seguir fluyendo a través de aquellos menudos y arrugados dedos que no tenían dolor, tenían compasión; no llevaban tragedia, llevaban comprensión; no contenían lágrimas, contenían alegría. Manos que no señalaban tristezas, indicaban solidaridad; no tenían asperezas, sino caridad; no estaban cansadas, estaban comprometidas con el amor, con el respeto, portando en sí mismas todas las bendiciones que como fruto del espíritu es la amabilidad.

Después de conocerla y estrechar mis manos con las suyas, le pedí a Dios que me impregnara de todo el reflejo de aquellas hermosas manos. La Madre Teresa se dirigió a mí con unas bellas palabras inspirándome a seguir colaborando con las causas buenas, sin olvidar al que necesita oír y conocer de Cristo.

Una vez que tomó su asiento en la mesa principal, comenzó la rueda de prensa pautada para aquella mañana. Con una voz muy tierna y en un tono pausado, la Madre Teresa contestó a todas las inquietudes con mucho entusiasmo y, a pesar de haber respondido las mismas preguntas cientos de veces, se aseguró de que todos tuvieran su turno para colaborar con el trabajo de cada uno de los periodistas presentes.

Me impresionó que a pesar de sus años tuvieran tanta energía, ya que su cuerpo envejecido no la mostraba. Sus palabras estaban llenas de seguridad y sobre todo tenían el conocimiento de la verdad, de la justicia y del amor por otros. La Madre Teresa pidió a las personas encargadas del evento, que una vez dentro del salón de conferencias nadie aplaudiera, porque ella no lo deseaba y le incomodaba, aun cuando entendía dicha expresión como producto de la felicidad y emoción generada en los participantes.

Ella siempre fue humilde en cada uno de sus actos, no quería ser famosa. No pretendió nunca ser líder pero lo fue; no quiso ser una personalidad pero lo logró; estuvo consciente de lo que generó en la vida de otros, pero lo hizo no para enriquecer su ego, sino por su compromiso de cumplir con su propósito de vida.

Así vivió su admirable existencia, enfocada en su propósito durante el transcurso de los años, viendo con claridad la verdad y la utilidad de cada objetivo planteado, siendo ejemplo de perseverancia no solo en las metas, sino en el plan magistral que Dios tuvo para ella. Entendiendo la finalidad de su misión, optimizando todos sus planes de acción a medida que con su visión, inspiraba a otros a soñar con un futuro mejor para obtener las soluciones a sus necesidades.

Si haber conocido a la Madre Teresa de Calcuta en persona fue extraordinario, no te puedo explicar mi emoción cuando atravesó la sala de conferencias repleta de cientos de personas sentadas y sin poder expresar con aplausos la alegría que sentíamos, nos mantuvimos firmes en nuestros puestos dejando solo escapar la expresión de felicidad en nuestros rostros.

Cada una de sus pisadas retumbaron en mi corazón, cada uno de sus movimientos los fijé en mi memoria. Su pequeña y frágil figura completó el espacio de aquel enorme auditorio, haciéndome reflexionar en la grandeza del humilde y en la constancia de la persona, que sin detenerse a pensar en sus años ni en su propio cansancio, es capaz de sembrar bienestar en el alma de otros.

La Madre Teresa se dirigió a las personas, que estaban totalmente extasiadas con su presencia, con una voz enérgica que no sonó así por el micrófono en la sala de prensa donde no pudimos notar esa calidad en su tono. En cambio, frente a las que les iba a dirigir un mensaje que quizás solo escucharían de parte de ella una sola vez, desarrolló un nivel de voz con la claridad y la transparencia del agua, enmarcada en un fuerte testimonio.

Ese gran día quedó grabado en mi memoria por siempre. Tuve la oportunidad de evidenciar la atracción que ejerce la grandeza de espíritu desplegada por una persona que desea con firmeza crecer espiritualmente. Una persona que quiere convertirse en un individuo integral, con un espíritu que guía su proceder, su sentir y su entrega al prójimo.

Un buen líder necesita ser íntegro, esto no quiere decir que sea perfecto, nunca lo será en esta vida. Sin embargo, puede ir por el camino adecuado para estar cada vez más cerca de la perfección viviendo con la verdad una vida llena de amabilidad.

Volví a ver a la Madre Teresa de Calcuta un año después, en el siguiente Congreso Internacional de la Familia celebrado en Bruselas, Bélgica, en 1988. En esa oportunidad pude hablar con ella por mucho más tiempo. Estuve sentada con sus manos nuevamente entrelazadas con las mías, en un salón especialmente preparado para que descansara antes de dictar su esperada conferencia, con palabras alentadoras, llenas de entusiasmo y de direcciones acertadas.

Otros participantes tenían un enfoque claro en el propósito de sus vidas, pero sentían el abrumador impacto de las decepciones por la dificultad para encontrar soluciones rápidas y efectivas a tantos problemas en sus países. Algunos de ellos tenían las posibilidades y el poder para hacer cambios notables, pero necesitaban la inspiración de una persona como ella para vencer los obstáculos del propio temor y ejercer un liderazgo importante cambiando sistemas, estructuras, políticas obsoletas y perjudiciales, para la mayoría de los habitantes de sus naciones.

Todos necesitamos oír la voz de un buen líder, todos queremos seguir a un buen líder, todos debemos votar por un buen líder, todos podemos crecer guiando al buen líder que hay dentro de nosotros mismos, dirigiéndolo a favor de las familias y del prójimo.

Sin embargo, no hay edad para eso. Por lo general pensamos que si no fuimos líderes de nuestras vidas en el pasado no lo podremos ser en el futuro y estamos muy equivocados. La vida de la Madre Teresa de Calcuta, como la de otros buenos líderes de la historia, ha sido una demostración de que la edad no es obstáculo para continuar hasta el final de los días con la disposición de dar.

El pasado de cada individuo no debe convertirse en el mayor obstáculo de su presente ni de su futuro. Hay muchas personas que suelen pensar que si no participaron en organizaciones o actividades en pro de los más necesitados en su juventud, ahora es muy tarde debido a su edad adulta o avanzada, para empezar a colaborar o a participar activamente en causas sociales.

Dios está a la espera de esas personas, ya que son portadoras —muchas veces sin saberlo—, de un mensaje, de un testimonio con sus errores y aciertos. Puede que sean de beneficio del prójimo, rescatando esas vidas con alegría, consuelo y con los cuidados que solo el amor y la amabilidad pueden brindar.

Cuando se tiene la bendición de conocer a un buen líder por los buenos frutos de sus actos, ellos mismos se convierten en el gran estímulo para otros a fin de conducir sus pasos por el mismo rumbo, convirtiéndose en una nueva generación de buenos líderes dispuestos a dejar huellas en la historia.

La Madre Teresa de Calcuta siempre será recordada por las innumerables y ejemplarizantes obras realizadas toda su vida. Su inagotable amor por los demás, su incansable lucha en defensa de otros, su indetenible esfuerzo diario por hacer y dar más estará presente durante mucho tiempo en la mente y en el corazón de

quienes tuvieron el consuelo y los beneficios que solo personas
como ella pueden aportar.

Ella cambió las circunstancias que la rodearon, no se dejó apri-
sionar por ellas, luchó y venció sin tener poder político, ni social,
ni económico, solo tuvo el poder del amor. Cada uno de nosotros
tenemos acceso a ese poder, no se necesita dinero, ni status, ni
rango alguno para obtenerlo. Solo se consigue si tomamos la decisión de aceptar ese poder en nuestras vidas para lograr los objetivos, las metas y sobre todo cumplir con nuestra misión personal,
desarrollando el propio liderazgo como una actitud de vida llena
de amabilidad.

El carisma

Dejé de último el carisma, como característica del líder, porque
contrario a lo que muchos piensan no lo considero esencial para
lograr ser un buen líder. Para mí, el carisma es un «don» personal
con el que nace la persona. Básicamente es la capacidad de un individuo para atraer y cautivar a otros manteniendo el interés y la
atención con su forma de actuar y el contenido de sus mensajes.

Todo individuo puede estudiarse a sí mismo evaluando cómo
ser más eficiente al comunicar su mensaje a quienes desea impre-
sionar. Es posible que capte la mayor atención por parte de esas
personas, pero no lo consigue necesariamente por el hecho de
sentirse apoyado en su propio carisma.

El buen líder puede que no tenga carisma, pero si en él se destacan
las condiciones que hemos hablado en este capítulo, estará en condiciones de continuar llevando su mensaje, guiando a su equipo o a sus
seguidores como un dirigente eficiente y enfocado en sus objetivos.

Por supuesto que si hablamos de una persona que posee una
capacidad natural y especial en su manera de dialogar, es probable
que se convierta en un individuo que tenga cierto poder de atracción sobre los demás, resultando muy eficaz su comunicación. Este
tipo de líder despierta el interés de la gente y provoca en ellas una
inspiración que desata emociones, compatibles con el sentir y el

pensar de ese líder. Por lo general, en esos casos, estamos hablando de un líder que arrastra multitudes, como por ejemplo, la gente reconocida en el mundo político, religioso, cultural o artístico, etc.

El carisma es algo innato en el ser humano. Muchos piensan que se puede llegar a ser carismático a través de la confianza en sí mismo y del trabajo constante por parte de la persona para encontrar nuevas formas de expresarse. Definitivamente toda persona debe poner mayor atención a la manera en la cual transmite sus mensajes, de forma que cada vez sea más eficiente su comunicación y, por lo tanto, logre convencer a su audiencia de sus opiniones e ideas, generando así la receptividad y el apoyo de los mismos.

Eso no quiere decir que si una persona en particular es eficiente al expresarse y logra con ello captar el interés de los demás, es debido a su carisma. El líder no necesariamente tiene que ser carismático para lograr sus objetivos; es más, puede ocurrir que nunca logre serlo a pesar de sus esfuerzos por adquirir esa cualidad; no obstante, puede obtener de todas maneras satisfactorios y positivos resultados con su liderazgo.

Muchos líderes a través de la historia confirmaron que tenían una extraordinaria cualidad —el don natural del carisma—, con la que pudieron dominar multitudes haciendo que les siguieran convencidos de sus palabras y generando una particular atracción que supera sus virtudes profesionales, personales y hasta espirituales.

El carisma puede convertir a una persona en un conquistador de serpientes; en un encantador para las personas que desea atraer a sus redes, produciendo en ellas una atracción destructiva, fuera de toda racionalidad.

El líder que utiliza el poder del carisma de manera negativa puede lograr que sus seguidores crean en su palabra y en su actuación, provocando en ellos una actitud dependiente, motivada por la admiración y el deseo de seguir atados a su liderazgo, sufriendo después las consecuencias negativas de esas acciones. Un líder que solo se destaque por su carisma puede ser un fraude para sus seguidores, los que lo aplauden y los que lo aceptan atraídos por ese don.

Los líderes carismáticos y fraudulentos casi siempre se descubren demasiado tarde, mucho después de haber realizado sus fechorías logrando afectar gravemente a sus seguidores o a su equipo de trabajo. Mucho después que convierten a los seguidores en cómplices. El que es víctima de esa situación traiciona muchas veces el consejo de su moral innata, no haciendo caso de su advertencia. Muchas personas diariamente hacen uso de su carisma sin darse cuenta del potencial y de la capacidad misma de esta cualidad, por eso es tan importante saber quiénes somos y con qué herramientas contamos de manera natural.

Esas cualidades nos distinguen de todos los demás, porque cada uno de nosotros tiene en sí mismo un «potencial único», otorgado de manera personalizada para ser utilizado de forma eficiente y sabia, con la intención de convertirnos en portadores de beneficios dentro y fuera de nuestro entorno.

El ego puede hacernos sordos e impedirnos escuchar la verdad acerca de quiénes somos y para qué sirve ser quien uno es, alejándonos de nuestra propia esencia y actuando negativamente, haciendo uso inconveniente y hasta perjudicial de nuestras propias cualidades.

Siempre he pensado y tengo la convicción de que un líder con carisma debe comprender el significado de su propia capacidad. Su enorme responsabilidad ante los demás es mucho más de lo imaginado. Se le ha entregado sin reparos un don muy especial con el que puede impactar al mundo. No solo unos pocos conocerán y sabrán todos los detalles de la existencia de ese líder, sino que muchos actuarán sintiéndose tocados por su influencia, marcando y copiando en sus vidas similares modelos de conducta, viviendo bajo su liderazgo experiencias motivadas por la inspiración que produce este tipo de líderes en la vida de millones de personas.

El ser humano, por lo general, adopta modelos de conducta, motivándose a sí mismo a seguir o copiar la tendencia de una persona que atrae su atención de una forma especial o excepcional, obviando objetivamente la conveniencia o no de ese comportamiento. Por eso es vital saber a quién se sigue, conocer quién es ese líder en realidad, saber que tan bueno es, quién capta nuestra atención por asalto y nos puede robar hasta el alma, apuntándonos con su mejor arma, es decir, su carisma, la que somete nuestra voluntad sin darnos cuenta.

¿Quién no ha conocido a una persona con un fuerte carisma? Siempre nos topamos con alguien que posee esta cualidad. Desde niños, en el colegio, reconocemos de forma natural a aquellas personas que tienen un atractivo especial. Se destacan por encima de los demás, haciéndonos creer que como él o ella no hay nadie. En efecto, todos somos diferentes y únicos, pero existen personas que han marcado la historia dejando una huella muy profunda, que nadie más podrá marcar de la misma forma.

Aunque existan otros tan calificados o mejores en esa misma área, no nacieron con ese carisma que distingue y resalta el nombre de quienes lo poseen. Todos tenemos cualidades y dones diferentes, nadie debe lamentarse por no tener uno en particular, porque sin lugar a dudas en estos casos el individuo posiblemente estará restándole importancia al don o a los dones que posee, los cuales a su vez puede ser envidiados por otros.

Dios nos dota con los recursos necesarios desde el mismo momento de la concepción. Él no nos envía al mundo desprovistos de instrumentos o capacidades de trabajo. Lo único que nos pide es que aprendamos a utilizarlos bien con el fin de saber vivir, ayudando y guiando a otros en el camino por andar. La decisión de cómo utilizar esos recursos pertenece a cada uno de nosotros y, por eso definitivamente, en algún momento daremos cuenta de cómo lo hicimos.

Mi niñez siempre estuvo rodeada de gente famosa del mundo artístico y cultural de mi país. Pude conocer desde muy pequeña a personalidades muy destacadas en estas áreas y aprendí a reconocer a las que se sobresalían por su fuerte carisma, lo que las hacía más atractivas a los ojos del público que sus colegas de oficio. Muchas veces sentí pena por algunas de esas personas ya que —a pesar de sus éxitos, de su popularidad, de la fama y de otras cualidades—, tenían una vida muy lamentable, en muchos casos autodestructivas. Varias veces le pregunté a mi mamá que si habían llegado a ser tan famosas y exitosas, por qué no eran capaces de llevar una vida mejor y más cónsona con sus logros.

Siempre me contestaba que no sabía por qué existía esa disparidad entre los talentos de esa gente famosa y la forma en que procedían en la vida, pero que definitivamente eran personas especiales, muy diferentes a los demás, muy sabias y con un gran carisma. Todavía recuerdo lo que le respondía: «¿Sabes mamá? Prefiero ser menos sabia, nada famosa y sin ningún carisma, pero saber vivir».

Si nos ponemos a pensar en las personas famosas y carismáticas, por ejemplo, en el mundo del entretenimiento, encontraremos que la mayoría no pudo aprovechar todas sus cualidades y capacidades no solo en el área profesional sino en sus vidas particulares. Quizás nos quedemos entonces con un número muy pequeño de celebridades, que podemos contar con los dedos de las manos. Hay personas que poseen talentos y dones que disfrutan las audiencias que los aclaman, pero desafortunadamente en algunos casos hay artistas muy famosos que mueven enormes masas de público, que no pueden disfrutar en los beneficios y las bendiciones de su propio liderazgo. A lo mejor no nacieron con el talento o nunca tuvieron la oportunidad de adquirir el conocimiento para convertirse en sus propios líderes. Este último los llevaría a reconocer la existencia de una vida mejor que la que da la satisfacción que para ellos produce un aplauso.

Como Miss Universo, conocí muchas celebridades del fascinante mundo de Hollywood. Al vivir en la ciudad de Los Ángeles, California, todo el año del reinado, recibí varias invitaciones para asistir a fiestas y a eventos muy importantes, destinados a la promoción de películas o al estreno de las mismas. También tuve la oportunidad de acudir a diferentes actividades a favor de causas sociales donde estuvieron presentes una gran cantidad de destacadas personalidades del cine, la televisión y la música.

En uno de esos grandes eventos, tuve contacto directo con grandes talentos y estrellas de finales de los años ochenta. Entre esas actividades, asistí a la presentación del último disco de la famosa cantante Janet Jackson, que para aquella época estaba muy cotizada con la venta de sus discos. Su fama no solo le correspondía por su destacado talento, sino también por ser una de las integrantes de la famosa familia Jackson y hermana —nada más y nada menos— que del rey del pop: Michael Jackson.

Mientras escribía este libro, ocurrió la muerte de ese gran astro de la música. Por eso comento mi experiencia cuando conocí, no al rey del pop, sino al padre de ese ícono de la música. En el evento de Janet Jackson pude conocer a un selecto grupo de estrellas de la música que también quisieron apoyarla y desearle éxito con ese nuevo proyecto musical.

En esa oportunidad la vicepresidenta del concurso Miss Universo me presentó con el padre y manager de la familia Jackson, el creador e inspirador de ese exitoso grupo de cantantes formado por sus propios hijos, que se iniciaron desde muy jóvenes como los *The Jackson Five*. Joseph Jackson —que ha sido objeto de muchas críticas por la cantidad de especulaciones alrededor de su vida—, sigue siendo noticia en los momentos del fallecimiento de su hijo Michael.

Muchos quizás no sepan que el padre de esta conocida familia de cantantes estuvo ligado al mundo de la producción de películas, por cierto sin acreditarse ningún éxito importante. Aquella noche, el propio Joseph Jackson nos hizo una invitación para conocer sus oficinas la semana siguiente, con el deseo de proponerme una oportunidad de trabajo una vez concluidas mis actividades como Miss Universo.

Nunca me imaginé que un personaje como él me hiciera una proposición de trabajo y mucho menos a mí ya que no nací con el don de cantar ni de actuar. Tanto la vicepresidenta del concurso como yo, nos quedamos intrigadas con la idea del señor Jackson. Y a pesar de que ella intentó indagar un poco más al respecto la misma noche de la fiesta, no pudo lograr mayor información. Solo nos restaba esperar el día de la reunión a la cual estábamos invitadas. Eso ocurrió una semana después en sus oficinas, localizadas en un edificio muy bien ubicado en una de las zonas más importantes de Los Ángeles.

Ese día llegó y, con mucha curiosidad, fuimos a la hora pautada. Era temprano y su secretaria nos indicó que en unos minutos seríamos atendidas y así fue. Esperamos un lapso de quince minutos, lo que me dio suficiente tiempo para observar todas las placas de reconocimiento al talento musical de sus hijos, que tapizaban las paredes de la sala de espera. Allí se encontraban todas las evidencias de los éxitos de ventas del número de discos que se habían producido hasta el momento.

Me emocionaba ver con mis propios ojos el resultado tan exitoso y la repercusión internacional de la fama de estas estrellas. Estar en ese lugar no era algo con lo que había soñado, pero me había venido como anillo al dedo para conocer un poco más de ese mundo del espectáculo, al cual tan solo unos pocos tienen acceso.

Cuando nos indicaron que el señor Jackson nos esperaba en su oficina, se abrió la puerta que separaba el salón de espera con el resto de las oficinas. Nos llamó la atención que por donde íbamos pasando había cantidades de cajas de cartón, apiladas una sobre la otra como una gran montaña, como si se tratara de una mudanza. Nunca supimos si se estaban mudando de esas oficinas o si estaban ocupando recientemente ese nuevo espacio, lo cierto es que todo era un gran desorden, cajas por todas partes.

Al llegar a la oficina privada de Jackson tuvimos otra impresión, casi un susto. Por lo menos ocho personas servían de escoltas privados y estaban sentados en ese salón, ocupando los laterales de la oficina. Ellos se mantuvieron sentados durante toda nuestra reunión. En el centro se encontraba el enorme escritorio de madera del señor Jackson y dos sillas delante de él que nos estaban esperando.

De inmediato él se levantó de su asiento y nos saludó con agrado por haber aceptado su invitación. Antes de caer en el asunto por el que nos había convocado, pudimos conversar un poco sobre los éxitos de la etapa profesional tan importante en que se encontraban sus hijos y, muy en particular, hablamos de la carrera musical de Michael. Después de conocer un poco sobre su vida en el aspecto musical, comenzamos a hablar de cuales serían mis planes una vez terminara mi año como representante del Miss Universo.

En todo momento le hablé de mi carrera y del deseo de formar mi propia compañía de publicidad en Venezuela, a lo cual me comentó acerca de una mejor opción para mí que consistiría en trabajar en una de sus próximas películas en calidad de protagonista. También manifestó su interés por darme la oportunidad de probar suerte en esa área profesional con la posibilidad de vivir por un tiempo más en Los Ángeles. En esos momentos, él se encontraba haciendo pruebas para su próxima película y el día que me conoció en el show de su hija Janet, pensó que yo tenía la imagen perfecta para representar el papel principal de su película.

Nunca me imagine aquello por parte del creador del grupo musical más exitoso de los últimos tiempos, mucho menos un ofrecimiento de trabajo que muchas personas soñarían obtener. Él estaba seguro de obtener una respuesta positiva de mi parte y, por lo tanto, ya tenía el contrato hecho con el espacio al final del mismo en donde aparecía mi nombre impreso esperando solo por mi firma. Fue una sorpresa que se convirtió en decepción para el propio Jackson. Supongo que nunca se imaginó a una joven como yo rehusándose a tan atractiva proposición de trabajo.

Su cara se transformó y tomó un aspecto de disgusto que no pudo ocultar. No se explicaba cómo podía rechazar tal ofrecimiento, no solo tendría la oportunidad de comenzar —como él decía— una nueva carrera y ser compensada con muy buenos honorarios. A pesar de entender perfectamente la magnitud de su ofrecimiento, no lo deseaba para mí, no fue como el concurso al que rechacé participar por varios años. Esto se trataba de algo mucho más importante, ya que para mí el talento y las capacidades interpretativas se tienen o no se tienen; por supuesto, muchos pueden actuar pero pocos son actores con talento de verdad.

Quizás una persona vea en esto una magnífica oportunidad a pesar de no tener aptitudes artísticas. Sin embargo, siempre he valorado mucho trabajar en áreas que sean cónsonas con las capacidades individuales y con la vocación personal. La vocación es esencial para realizar una actividad profesional, porque los sacrificios, el tiempo, la paciencia y las batallas por vencer en toda profesión u oficio, requieren del compromiso que solo se obtiene a través del amor y de la pasión de quien opta por la oportunidad de estudiar y trabajar en un área en especial.

El buen líder tiene que reconocer en qué áreas se quiere desarrollar para apuntar toda su energía y sus capacidades en esa dirección. A pesar de amar una profesión, se puede no conseguir el éxito esperado. Sin embargo, el mismo hecho de amar lo que hacemos nos da las fuerzas y muchas veces el entusiasmo para continuar desarrollando más las capacidades que deben actuar como aliados del servicio personal.

Como recuerdo de aquella reunión tan especial, me quedé con el contrato para poder contar esta historia y tener una prueba de la misma. El señor Jackson no quedó muy contento y me preguntó por qué mi respuesta a su atractiva propuesta fue negativa. Le contesté que no tenía ninguna intención de desarrollarme en la actuación, carrera que conocía bastante bien dado que desde pequeña estuve cerca de ese mundo a través de la profesión de mi mamá.

También le comuniqué mi falta de vocación, a lo que me contestó que eso no era necesario porque aprendería con el tiempo a querer esa profesión y me sugirió que estudiara esa carrera para así obtener las capacidades necesarias. En ese momento no se dio por vencido, quería conseguir la fórmula para hacerme cambiar de opinión. Yo continué explicándole que había sido un honor haber recibido esa oferta por parte de él, pero que no estaba en mis planes aceptarla a pesar de ser muy tentadora.

El señor Jackson insistió por un tiempo más y me invitó a ver por la ventana hacia la parte posterior del edificio. Desde allí podíamos ver la calle repleta de una gran cantidad de personas, muchas de ellas mujeres que estaban haciendo una fila larga que llegaba hasta la otra cuadra, esperando ser entrevistadas y poder realizar la prueba para conseguir el trabajo e interpretar alguno de los distintos personajes de la película.

Jackson me dijo que todas esas jóvenes hubieran deseado estar en mi posición, porque tenían como meta participar en esa película para tener la oportunidad de saltar a la fama, convirtiéndose posiblemente en nuevas estrellas de Hollywood.

Hay metas tentadoras que pueden convertirse en el gran salto a la fama o a la fortuna. Con ello la persona alcanza un logro que el mundo en general considera exitoso. Por lo general, no sabemos si esos momentos de tanto brillo en la vida de un individuo, pueden ocasionar también grandes saltos al mundo del desequilibrio y de la infelicidad.

Mucho se ha escrito sobre las personas que han hecho el gran salto a la fama, debido a su talento y en muchos casos a su indiscutible carisma, atrayendo así multitudes de espectadores.

La fama y la fortuna pueden llegarle a alguien tomándolo por sorpresa, muchas veces a edades tan tempranas como fue el caso de Michael Jackson. Niños a los que de repente les cambia el mundo girando con otra intensidad; y eso ocurre de un día a otro privándolos de una vida normal, no pudiendo disfrutar de las actividades propias de sus edades. Esos cambios repentinos, aunque hayan sido planificados, de igual forma pueden estremecer la vida de los individuos a quienes les toque probarlos.

Definitivamente es un gran reto aprender a saber vivir y con más razón cuando el mundo entero tiene sus ojos fijos en esas celebridades o personalidades destacadas. Se espera que cada uno de sus movimientos pueda ser captado por las cámaras, convirtiéndose la «estrella» en punto de conversación obligado y arrojando mucha tinta en la prensa escrita, produciendo cantidades de chismes que se difunden a través de todos los medios de comunicación.

Esas personas necesitan desde pequeños una mayor atención y dedicación por parte de sus padres o familiares para obtener el equilibrio necesario. Además, requieren del aprendizaje acerca de cómo desarrollar su autocontrol, vital para adaptarse a los cambios agresivos del cual su vida será objeto.

Constantemente vemos el gran descontento y sufrimiento de muchas personas en diferentes posiciones de liderazgo. Aunque tienen demasiado, no logran equilibrar sus vidas, dando la sensación de que no se sienten afortunados por sus dones y capacidades;

al contrario, resultan ser víctimas de estos mismos. Es doloroso presenciar estos casos, porque al mismo tiempo existen millones de personas que no tienen la mínima posibilidad de llegar a obtener logros de esas magnitudes.

Es posible que eso ocurra por no contar con las mismas facultades, dones o capacidades, aunque tengan el deseo de proyectar lo mejor de sí en todas las facetas de sus vidas. A muchas personas les encantaría tener las oportunidades que un Michael Jackson u otras estrellas tuvieron o tienen, para llegar a través de ellas a multitudes, dejando la evidencia de que el carisma puede ser un don que le otorgue a la persona esta cualidad.

Estoy segura de que muchos líderes, al final de sus vidas e incluso aquellos que ya han muerto, si tuvieran la oportunidad de volver a vivir los momentos gloriosos de su labor dirigente, le darían sin lugar a dudas otra perspectiva y otro significado. Los buenos líderes desean legar su huella con una carga de mensajes positivos, y agradecidos por las bendiciones con las cuales nacieron y que utilizaron de una manera eficiente para ellos y para todo su entorno.

Todos fallamos, y hasta los buenos líderes tropiezan, la diferencia está en que ellos se levantan más rápido y saben que esas difíciles situaciones en vez de convertirlos en víctimas, los fortalece para seguir firmes en la batalla de cada día.

En este capítulo hemos hecho un recorrido por todas las características que debe tener un buen líder. Es posible tenerlas todas siempre y cuando uno decida ponerlas en práctica. La respuesta a cómo poder lograrlo yace en comprender cada uno lo que en verdad es. Para ello es necesario identificar las metas y los valores personales para vivir del modo que nos corresponde y no tener una vida prestada o copiada de otro. Debemos procurar ser cada día mejores, para tomar las decisiones más acertadas y dirigir a otros en ese proceso.

La felicidad y el verdadero éxito están estrechamente ligados al propósito de vida, por eso las metas y los objetivos deben estar relacionados con esto para sentirse satisfecho con uno mismo al caminar, aunque los obstáculos sean enormes y se requiera mucho tiempo superarlos. Cada paso tiene su importancia y el darlo debe producir enorme satisfacción. El éxito es una actitud de vida, es una forma de pensar y de sentir, es un logro continuo, es ser mejor que ayer.

Tú, al igual que todas las personas, tienes un potencial ilimitado, tienes una capacidad que quizás no conozcas en su totalidad. Recuerda que uno puede representar su propia limitación, su propio obstáculo, al punto que puede llegar a paralizarse en el tiempo.

Un buen líder siempre tiene confianza en sí mismo. No es porque crea que no puede fallar, sino porque es en las caídas cuando el buen líder demuestra su confianza y pone a trabajar las capacidades con las que cuenta. Y si no las posee, las busca, se prepara porque está automotivado para lograrlo. La motivación se basa en lo que cree cada persona de sí mismo; por eso, si estás consciente de lo que eres, de tus propios valores, de tus capacidades, tu nivel de confianza en ti mismo crecerá y estarás más preparado para llegar a la meta.

Quizás no seas el ganador del maratón, puede ser que llegues de último; pero no olvides que lo importante no es llegar, sino cómo llegas. Muchos de los atletas a los que he visto ganar en maratones se quejan de no haber llegado en menor tiempo. Ni siquiera disfrutan el logro de ese momento que a lo mejor nunca se volverá a repetir. Sin embargo, otros que ni siquiera marcaron los primeros puestos, llegaron a la meta convencidos de su éxito, disfrutando dando lo máximo de sí al correr cada metro del camino por el cual llegaron a la meta.

Hay corredores que me han sorprendido ya que han estado días, meses y hasta años, preparándose para una competencia en particular y, en el día tan esperado, le surgen imprevistos que afectan su recorrido. Hay otros que posiblemente ganarían la carrera pero se detienen a ayudar a quien lo necesite, perdiendo así la oportunidad de ganar. Estos son los exitosos, ya que no se enfocan en sus propios planes, ni en sus propias capacidades, sino en lo que verdaderamente son. Esos son los valores que marcan el paso de su andar; por lo que logran obtener el mayor de los premios, el cual es ser reconocido como buenos líderes.

~

Amigo(a), escribe en la línea en blanco tu nombre y repítete a ti mismo:

_____ sigue
_____ continúa

~

El buen líder debe tener:

- Honestidad
- Valores
- Credibilidad
- Visión
- Esperanza
- Autocontrol
- Decisión
- Responsabilidad
- Amabilidad

Debe ser una persona que sepa vivir de acuerdo a sus valores, poniéndolos ante todos los problemas y todas las personas. El líder, antes de exigir a los demás claras respuestas de sus acciones, demuestra y refleja una actitud honesta en su vida como también lo hace en la propuesta de soluciones. Conservando, además, una credibilidad intachable.

El buen líder sabe que la felicidad y el verdadero éxito están estrechamente ligados al propósito de vida. Por eso su visión, sus metas y sus objetivos deben relacionarse con dicho propósito, haciendo que se sienta satisfecho en su caminar diario, aunque los obstáculos sean enormes y requieran tiempo el superarlos.

El buen líder sabe que el éxito es una actitud de vida, es una forma de pensar y de sentir. El éxito es un logro continuo, es ser mejor que ayer. Las metas nunca deben estar por encima del equilibrio personal ni de los valores morales.

El buen líder que tienes dentro tiene un potencial ilimitado. Tienes una capacidad interior que quizás no conozcas en su totalidad, a menos que te esfuerces en conseguirlo. Recuerda, uno mismo puede representar su propia limitación, su propio obstáculo, llegando a paralizarse en el tiempo sin actuar.

Un buen líder siempre tiene confianza en sí mismo. Aunque sepa que puede fallar, también sabe que en las caídas es cuando más se demuestra la confianza, ya que su esperanza está centrada en Dios. El buen líder conoce bien las capacidades con las que cuenta y si no las posee, las busca, se prepara, porque está automotivado para lograrlo.

Un buen líder necesita ser una persona íntegra consigo mismo y con los demás, comprometiéndose con ellos con responsabilidad y garantizándoles su bienestar, dentro de un clima de amabilidad.

El buen líder reconoce el mensaje de Dios cuando las puertas se le cierran, sabe distinguir los momentos en los que no debe forzarlas, ni atravesarlas, ya que abrirlas de nuevo requiere un tiempo de espera prudencial.

～

Ahora prepárate y pon atención a las indicaciones de tu GPS para que sepas cuál es el siguiente paso para continuar tu camino.

 Recorra la calle «Honestidad y Valores». Luego cruce a la derecha en la calle «Credibilidad».

 Tome la calle «Visión y Esperanza», al regreso gire a la derecha en la calle «Autocontrol», y luego recorra la calle «Decisión».

 Proceda con precaución y evite la salida «Temor» a la izquierda.

 Continúe en dirección norte hacia las calles «Responsabilidad», «Amabilidad» y «Carisma».

 Rumbo norte evite el desvío en la salida «Ego», y siga en dirección a «Optimismo».

El *optimismo*

Los niños son definitivamente la muestra más fehaciente del optimismo. Cualesquiera sean las circunstancias, los orígenes, la cultura, el status, el físico, la raza o la religión de ellos, siempre han sido, son y serán el símbolo por excelencia del optimismo y de la alegría. Los niños han representado a través de los siglos la alegría del mundo, de tal forma que Jesús llegó a decir: «Dejad a los niños venir a mí, y no se lo impidáis; porque de los tales es el reino de Dios» (Marcos 10.14). Ser niño implica tanto, pero a medida que crecemos y vamos año tras año envejeciendo, nos olvidamos del niño o niña que fuimos, impidiéndole expresarse y salir hacia el exterior.

Es imperante mantener viva la etapa de la niñez, por lo hermoso de su significado, y nunca dejarla ir de nuestra existencia. Por lo general, lo que hacemos es abandonar a su suerte a ese niño en nuestro interior, con la creencia de que como adultos no nos hace falta; y mucho menos le permitimos manifestar sus inquietudes. Ni siquiera le brindamos la oportunidad de intentar llenar de alegría y de optimismo nuestra vida.

Los niños casi nunca cargan maletas de tristezas. Aunque pasen en muchos casos por un intenso dolor —como consecuencia de abusos, desolación, pobreza, hambre, enfermedad y tragedias—, muchos niños no se aferran al dolor. En su gran mayoría se liberan constantemente de esas ataduras, aunque las condiciones de la vida exterior los obliguen de alguna manera a continuar presos. Aun con sus problemas, los niños procuran vivir alegres y se sienten deseosos de jugar hasta con cosas que nosotros los adultos no podemos tal vez ni imaginar.

En mi país tuve la oportunidad de conocer la triste historia de los niños de la calle y en innumerables casos pude constatar la penosa realidad de tantos pequeños abandonados a su suerte y que, sin percatarse del verdadero mundo a su alrededor, jugaban y se divertían con objetos desechados que convertían —en sus mentes inocentes— en estupendos juguetes.

Casi todos los niños se divierten jugando a que son personas mayores, actuando de la manera que ellos suponen que son los adultos «alegres y optimistas». Ninguno de ellos espera que las cosas ocurran y alguna alegría se manifieste en sus vidas. Ellos buscan crear situaciones de disfrute y diversión con el impulso del optimismo, promoviendo así acontecimientos para transformar su existencia en una alegre realidad.

En mi experiencia personal, la alegría y, sobre todo, el optimismo han sido unas de mis mayores bendiciones. Teniendo claro que no en todo momento de nuestras vidas podemos estar alegres, debido a las circunstancias negativas o complejas por las cuales atravesemos, no obstante es posible mantenerse optimistas para superar las mismas.

El optimismo ha sido un gran compañero de vida, un escudo de protección que impide que la tristeza o los problemas de la vida obstaculicen mi deseo de ver un futuro mejor, encontrando soluciones día a día.

Estoy convencida de que Dios nos otorga el don de la alegría y, sobre todo, el del optimismo para que nos sobrepongamos a las dificultades y las miremos como los niños las ven. Ellos, a pesar de estar bajo la influencia de la negatividad del mundo, pueden reinventar su vida con optimismo y seguir actuando con alegría. Como dije anteriormente, los adultos necesitamos recurrir a ese niño interior y extraer de él todo ese torrente de ilusión y alegría para avanzar con entusiasmo, con vitalidad y con convicción real.

Es importante «creer» en la proximidad de momentos mejores, plenos de soluciones posibles susceptibles de convertirse en realidad. Por lo general, nos cuesta creer en la posibilidad de salir de los problemas sin tanta dificultad. Aunado a la realidad de tener dificultades, nos llenamos de mayores conflictos pensando seguramente: «De esto... no salimos con facilidad». Muchas veces el «tiempo» en que se prolongan ciertas dificultades trabaja a nuestro favor.

Yo, definitivamente, creo que las cosas llegan a su debido tiempo y si estás enfocado en esperar con optimismo, ese tiempo se sentirá más corto porque estarás preparado para aprender de la experiencia. Además, en la medida en que logres aprender con prontitud, y no con incredulidad, más rápido se producirán los cambios y las bondades de las soluciones llegarán.

El optimismo nos permite ver las cosas y las circunstancias difíciles de la vida con menos pesimismo y rigor. Ello como consecuencia de la negatividad que innumerables veces desplaza al optimismo del lugar que le corresponde en la vida. No quiere decir que las circunstancias no requieran de la seriedad, del interés y de la importancia que se les debe por parte de quien atraviesa un momento complicado. Por el contrario, hay que aprovechar la oportunidad de enfrentar con una mayor disposición de positivismo esos momentos.

Otra de las ventajas de ser una persona optimista es la facilidad para olvidar las cosas negativas a las que nos hemos tenido que enfrentar y, por lo tanto, evitar convertirlas en maletas pesadas que tal vez carguemos por el resto de la vida. Con la ayuda del optimismo, esas situaciones se transforman en experiencias valiosas para el crecimiento y el desarrollo espiritual.

Cuando los niños se divierten jugando «Caballero del rey», enumeran con mucho entusiasmo las batallas a las que se enfrentan en defensa de la corona. En los relatos de esos juegos, los niños se olvidan del dolor que supuestamente sintieron al librar sus batallas y hasta llegan a ilustrar la parte de su cuerpo supuestamente herida —con la espada de mentira— que puso en peligro sus vidas.

Los niños, en juegos como estos, cuentan la historia de lo vivido como una experiencia de valentía y coraje, de la cual se sienten orgullosos y —a pesar de saber que forman parte de sus propias fantasías—, entienden de manera natural que sin «batalla» no es posible la defensa de algo o de alguien. Es por eso que al jugar, de forma espontánea expresan que si no hay enfrentamiento —es decir batallas—, no hay acción. Esta última es indispensable ya que es parte de la misión esencial del juego, por lo tanto no habría razón de ser quienes son (los caballeros del rey). Por supuesto, sin acción no existiría alegría y optimismo para conquistar la victoria.

Llevando esta idea al mundo de los adultos, en el que las situaciones sí son reales, notamos cómo el individuo debe enfrentar batallas de todo tipo, las cuales resultan ser grandes pruebas para demostrar valentía y audacia.

Desde el principio de la existencia humana, el hombre ha tenido siempre la misión de enfrentar grandes e innumerables batallas. Las personas que existimos hoy en día, no hemos sido los únicos en enfrentar dificultades. Casi siempre se nos olvida que todos los seres humanos enfrentaron, enfrentan y seguirán enfrentando grandes y pequeños retos. Usualmente esto ocurre todos los días de la vida. Esta es la realidad, no es solo un juego, es la verdad. Ante esta realidad no podemos rendirnos dejando que el negativismo invada y ocupe el espacio del optimismo, ya que entonces no podremos disfrutar de lo que somos en esencia ni tampoco de nuestras bendiciones. Todos tenemos una misión por cumplir que requiere de entusiasmo y optimismo. Aun cuando es probable que la alegría se mantenga escondida dentro de nosotros en el campo de batalla, el optimismo debe convertirse en un escudo de protección y en nuestra mejor carta de presentación.

El optimismo nos impulsa a convertir la alegría en acción. No por casualidad existe el camino del optimismo, este se justifica porque constituye la única manera para enfrentar situaciones y circunstancias sin dejarnos arrastrar por el enemigo, a pesar de que en el enfrentamiento podamos ser alcanzados por su temible espada de acero.

Imaginemos por solo un momento, que antes de nacer nos dijeran que vamos a vivir cien años. Si cada año consta de 365 días, al multiplicarlo por 100, arroja un total de 36,500 días. Además, si nos informan que en cada uno de esos días de vida, vamos a enfrentar diferentes tipos de batallas desde las más insignificantes, hasta las más grandes y difíciles, lo que me viene a la mente es la cara de susto que pondría un guerrero de la época medieval si le hubieran dicho eso.

Por supuesto, no quisiéramos ni siquiera nacer si nos llegaran a dar una noticia como esa. Por eso es que Dios no nos dice de antemano cuantos años vamos a vivir. Lo que nos dice es qué debemos hacer para «saber vivir» cada año. Toda esa información está concentrada en la Biblia.

A Dios nada se le escapa, nada se le olvida, nos provee de la vestimenta o de la armadura —como la que usan los niños en sus juegos—, nos entrega la espada y nos da la protección para enfrentarnos a la batalla los 365 días de cada año de vida. «Por tanto, tomad toda la armadura de Dios, para que podáis resistir en el día malo, y habiendo acabado todo, estar firmes» (Efesios 6.13). Además, nos da el don de la alegría y el optimismo para que salgamos airosos de la batalla. Por tanto, debemos renunciar a tener en nuestras mentes la palabra derrota.

Un optimismo perseverante

La Madre Teresa de Calcuta decía que el mejor remedio para todo es el optimismo y lo he confirmado. Lo bueno es que ya no lo tomo como una «medicina», mi espíritu lo produce continuamente por haberme ejercitado a través de los años. He comprobado que la «perseverancia» al actuar con optimismo a tiempo completo, me ha ahorrado mortificaciones. Me ha permitido vivir a pesar del problema que pueda enfrentar cada día. Con esto lo que trato de explicar es la desventaja que una persona puede sufrir cuando actúa sin optimismo, ya que su problema en particular puede arropar otras áreas de su vida. Áreas que no han sido atacadas por ese problema en específico, pero que al atravesar momentos de preocupación sin optimismo, las personas ven las otras facetas de sus vidas con la misma lupa negativa.

Muchas veces escucho expresiones de algunas personas consi-
derando que otras «deben ser muy felices» porque lucen optimistas. El optimismo brinda la posibilidad de bajar la intensidad de
las situaciones conflictivas, permitiendo que el individuo enfoque
su mente más en las soluciones que en el problema, alejando toda
victimización y, por ende, toda negatividad. Por lo tanto, la persona optimista irradia serenidad y control sobre las situaciones,
pudiendo hasta ofrecer su mejor sonrisa y la mayor comprensión
a otros, que estén pasando por igual o peor situación.

La felicidad es momentánea, en cambio el optimismo puede
ser permanente si la persona se mantiene perseverante hasta
hacerlo parte de sí misma. Solo necesita practicarlo, ejercitarlo,
fortaleciéndolo como si fuera un músculo, el cual se hará evidente
y notorio ante los ojos de los demás, demostrando alegría a pesar
de las dificultades.

¿Alegría o felicidad?

El tema de la felicidad preocupa mucho a los seres humanos. Hace
poco leí sobre unos estudios realizados en Estados Unidos y en
otros cincuenta países, acerca de la mujer y el concepto de la felicidad. Uno de esos estudios fue elaborado por la encuestadora Uni-
ted States General Social Survey, desde 1972 hasta el 2007. En ese
estudio se les preguntó a mujeres y a hombres cuán felices eran.

En la encuesta se incluyeron personas exitosas de todas las
edades, de diferentes grados de educación y con distintos salarios.
También se tomaron en cuenta personas casadas, solteras, divor-
ciadas, con hijos y sin hijos. Por años entrevistaron aproximadamente a 1,500 personas llegando al 2007 con un promedio de
50,000 individuos consultados. Un estudio tan extenso como este
provee una cantidad enorme de información, pero solo deseo
resaltar las concernientes a la mujer.

El estudio revela en primer lugar que la mujer se siente cada día
más triste, más insatisfecha con su vida personal y profesional,
mostrando cada año que pasa un descenso mayor en su grado de

felicidad. En segundo lugar, el estudio demuestra que cuando la mujer tiene más edad también se siente mayormente afectada por la ausencia de felicidad en su vida. Los resultados también indican que las mujeres, por lo general, se sienten deprimidas e insatisfechas con sus logros a pesar de tener un matrimonio equilibrado, aun produciendo el dinero con el que soñaron, aun siendo madres o no por decisión propia, a pesar de su origen, su pasado o el país del cual provienen.

Si pensamos que eso puede ser solo el resultado de esa encuesta y no de un problema generalizado a nivel mundial, te puedo decir que además de este estudio existen cinco encuestas adicionales realizadas por otras organizaciones, que han dado el mismo resultado. Reuniendo las seis encuestas pude conocer que fueron entrevistadas un total de un 1.3 millones de personas en cincuenta países del mundo durante aproximadamente cuarenta años.

Es alarmante el número tan alto de mujeres infelices en todo el planeta, a pesar de haber alcanzando posiciones destacadas en la economía, en la política, en los negocios y participando activamente en los avances de la tecnología, de la ciencia, de la medicina, de la educación y de cambios importantes para la humanidad. Además, cada día que pasa, la mujer se encuentra en mayores dificultades para aceptar sus circunstancias, tanto positivas como negativas y sobrevivir con estas.

¿Por qué entonces las mujeres, a pesar de haber logrado tantas metas en sus vidas se sienten abatidas emocionalmente? Muchas de ellas pasan por severas depresiones, siendo esta la segunda enfermedad que ataca a la mayoría de las féminas en Estados Unidos, después de los problemas del corazón que ocupa el primer lugar. Hay mujeres que afortunadamente no sufren esas enfermedades, pero aun así no disfrutan del todo los resultados de sus logros.

Por lo general, pensamos que conclusiones como estas solo las obtendríamos de estudios realizados a mujeres que hayan pasado o enfrenten situaciones difíciles a nivel profesional, financiero o personal. Lo increíble de estos estudios es que no necesariamente es así. No solo son infelices las mujeres que se sienten marginadas en alguno o en muchos aspectos de sus vidas, también se sienten infelices las que todo o mucho han conseguido. ¿Qué está pasando en el mundo de las mujeres? ¿Será que nos falta algo que no se mencionó en este estudio? ¿Será que hay una parte de nosotras que ignoramos y ni siquiera tomamos en cuenta ni en los buenos, ni en los malos momentos?

En lo personal, pienso que necesitamos replantearnos el curso que le estamos dando a nuestra existencia. Sé por experiencia que existe un lugar, un espacio, un área muy grande dentro de cada ser humano, que si se queda vacío logrará separarnos de nuestra verdadera misión de vida y, por lo tanto, se llenará de otras cosas nada productivas.

Al no poder llenar ese espacio, ese lugar profundo con verdades que muchas veces no nos gusta escuchar, se llenará de conceptos inadecuados propios o aprendidos a través de los años. Eso, por lo general, no nos producirá la alegría necesaria para continuar viviendo.

Será entonces que no estamos entendiendo verdaderamente lo que es la felicidad. En el diccionario encontramos la definición de felicidad como: «un activo o pasivo estado de placer o satisfacción». Según esta explicación podemos decir que la felicidad es producto de situaciones o cosas placenteras o satisfactorias. Lo que a mí me produce satisfacción puede no producírtela a ti ni a los demás y viceversa.

Según los estudios anteriores lo que a muchas mujeres supuestamente debería haberles producido felicidad no se lo produjo. Eso quiere decir, por ende, que la «felicidad» no nos mantiene «alegres» continuamente, y por lo tanto estamos buscando algo que no funciona siempre. Si no podemos retener la felicidad, como creíamos que nos iba a suceder si la hallábamos, hay algo que no cuadra. Si la felicidad no es permanente, y su ausencia nos hace personas deprimidas y temerosas, llegando a enfermarnos por su causa y en algunos casos hasta morir, ¿es necesario seguir buscándola? o ¿debería buscar algo diferente para ponerlo en lugar de la felicidad?

En base a esos estudios se puede comprobar que la felicidad de una persona no depende precisamente de lo que tenga o logre en su vida. Y si tomamos en cuenta las experiencias a nivel personal, muchos estaremos de acuerdo en que por lo general, nada de lo que nos rodea puede mantener nuestra felicidad constantemente.

Por otra parte, es muy difícil sentir «felicidad» con todas las situaciones que ocurren alrededor del mundo. Situaciones que transmiten tristeza y miedo, como las injusticias, el hambre, el crimen, los tremendos abusos con los niños que se cometen todos los días; el terrorismo, los líderes cuestionables, los problemas del medio ambiente, etc. Igualmente la recesión, que hoy causa estragos en las familias debido al desempleo y la falta de dinero, produciendo una gran inestabilidad en el núcleo familiar.

Aparte de todo eso, ¿qué me dicen de todas las cosas que hacemos las mujeres diariamente y que vivimos en un constante estrés? Queremos ser unas supermujeres, cumpliendo con múltiples tareas y deseando hacerlo todo al mismo tiempo. Bueno, por lo menos es mi caso, deseo cumplir con todo y tener tiempo para dedicarles a mis hijos. Por eso tengo que sacarle provecho al tiempo durante las horas que ellos están en clases. Tanta presión estresa más la vida de cada una de nosotras debilitándonos muchas veces y haciendo que sintamos nuestra existencia como una montaña rusa, la cual no para nunca, dejándonos sin tiempo para el descanso.

No obstante, sí es posible sentirse alegre. Desde pequeña —aunque vivía inmersa en un mundo muy infeliz—, siempre supe de manera intuitiva que solo a través de mi relación con Dios podría alcanzar la alegría. Solo Él me enseñó que la palabra felicidad puede ser muy efímera... viene y se va. Gracias a Él he podido disfrutar de los momentos importantes de mi vida. Al igual que he tenido situaciones, como todo ser humano, muy pero muy difíciles, incluso en esas circunstancias me he sentido alegre por dentro y se lo he podido demostrar a otros como a mi propia familia, a mis amigos. Todos ellos son testigos de esta verdad.

Lo único que puede quedarse con nosotros en el transcurso de toda nuestra vida es la alegría o el gozo que solo Dios provee. El gozo es el deleite o la alegría causada por algo excepcionalmente bueno. Y lo único «excepcionalmente bueno» solo puede sucedernos cuando tenemos una vinculación íntima con Dios. Son retos, complejidades, dificultades, las que nos esperan en el mundo y, a pesar de eso, Dios nos pide que tengamos alegría o gozo. En 1 Tesalonicenses 5.16 se nos dice: «Estad siempre gozosos».

No importa lo que esté sucediendo en tu vida actualmente, ni tampoco importa lo que sucedió o sucederá en el futuro; si tienes alegría o gozo, nada lo puede eliminar si has decidido obtenerlo de Dios.

El lugar de la alegría o el gozo está en el espacio que tenemos dentro de nosotros, es decir en nuestro espíritu; espacio que hemos ocupado con cosas que no pueden retener la felicidad.

Necesitamos aprender a vivir tomando en cuenta a nuestro espíritu, nutriéndolo y llenándolo con la verdad de Dios, que es lo único que puede permanecer indefinidamente dentro de cada individuo.

La alegría o el gozo no se evaporan, no se diluyen, no se derriten... se conservan siempre por la Palabra de Dios. Entonces, si entendemos eso, debemos detener el tiempo y pensar que para seguir avanzando necesitamos empezar a vivir diferente a como lo veníamos haciendo.

Debemos andar de una forma distinta, fortaleciéndonos —no por causa de nuestros logros, o de nuestra manera de ser, o de nuestra forma de pensar—, sino por lo que Dios hace y pone dentro de nosotros. Si lo aceptamos, comprenderemos mejor nuestra misión de vida con gozo y alegría. Eso te alentará a mantenerte optimista por el camino que todavía tienes delante de ti. No desaproveches la oportunidad.

El optimismo está definitivamente en el camino que te señala tu GPS y constituye el quinto y último tramo por el que hasta ahora has circulado. Ahora que has dado este paso, te enfrentarás a conducir tu vida por senderos más complejos, más difíciles.

Debes saber que ascender por los estrechos senderos de las montañas, donde la vía es cada vez más angosta, requiere de una mayor atención plena de optimismo. Y podemos afirmar que para llegar a tu próxima ruta necesitas optimismo.

~

Amigo(a) escribe en la línea en blanco tu nombre y repítete varias veces:

_____ sigue
_____ continúa

~

Ahora prepárate y pon atención a las indicaciones de tu GPS para que sepas cuál es el siguiente paso para continuar tu camino.

 Proceda en dirección norte hacia la calle «Alegría en Acción».

 Evite la salida «Temor», y gire en la calle «Creer», rumbo noreste.

 Continúe rumbo este hacia la calle «Perseverancia».

 Proceda con precaución rumbo norte, y evite las salidas «Pesimismo» y «Mal Humor».

 Siga camino norte, girando rumbo oeste por el camino angosto en dirección a «Gratitud».

La gratitud

E ra el 21 de julio de 1986, me encontraba ensayando en el inolvidable escenario del Centro de Convenciones ATLAPA en la ciudad de Panamá. Desde muy temprano nos habían citado para realizar el ensayo final, en el que participábamos todas las representantes de los ochenta y ocho países invitados a la edición del Miss Universo de ese año. Después de casi un mes de actividades alrededor de la producción de ese magno evento de la belleza internacional, me sentía dichosa de estar en los momentos finales del gran día de la elección. Aunque nunca soñé con vivir la experiencia de ser miss, ni de ganarme ninguna corona, sabía en mi interior que estaba allí por alguna razón especial. Me encontraba súper enfocada en mis actividades, no dejé pasar ni un minuto —de todos aquellos días de trabajo— en los cuales no diera el máximo de mi esfuerzo para estar a la altura de las circunstancias, dejando muy en claro mi firme convicción de llevarme la corona y compartir la inmensa alegría con mi país, Venezuela. No dudé ni por un instante de mis condiciones para ser elegida como la nueva Miss Universo, pero nunca me sentí superior ni mejor que nadie. Eso no me pasó por la mente, jamás he sido así; por el contrario, siempre recordé el consejo de mi madre. Ella me decía siendo yo pequeña: «Bárbara, busca siempre estar entre los mejores y entre las más bellas por fuera y por dentro, eso se contagia». Y aunque uno no se contagie, es muy estimulante relacionarse con personas que desean superarse en todas las áreas de sus vidas, consagradas a aprender y dar lo mejor de sí mismas a la sociedad.

El día de la elección, mi nombre y mi foto salieron en todas las apuestas divulgadas en la prensa escrita. Me distinguían como una de las fuertes favoritas y, en algunos casos, como la ganadora indiscutible del evento a realizarse esa noche. La gente afectuosa y especial de Panamá me señalaba como la ganadora del concurso. Algunas de las compañeras del certamen se me acercaron ese mismo día y me manifestaron su deseo de que fuera la elegida para ceñirme la corona. Es increíble observar cómo, en ese tipo de eventos, hay participantes que a medida que los días transcurren, van dejando el deseo de ganar el certamen. Muchas de esas jóvenes reconocen el intenso esfuerzo al cual se deben someter todo un año para tener la oportunidad de ganar, es por eso que algunas manifiestan su falta de interés por alcanzar el título. Entonces se concentran en disfrutar de la grata experiencia de compartir con tantas jóvenes provenientes de diferentes partes del mundo, como si se tratara de un gran encuentro de amigas.

En un mes se pueden estrechar unas especiales relaciones amistosas con algunas de las participantes cuya cultura, estilos de vida, idioma, etc., son totalmente diferentes. Durante los días de ensayos para la producción del Miss Universo, se comparte intensamente con chicas de todo el mundo y en algunos casos cuando, el idioma es un factor perturbador, se encuentran otros medios de expresión para conocer y departir con ellas. Fue, en efecto, una experiencia única. Disfruté cada instante, me divertí mucho y trabajé arduamente. En todo momento agradecía a Dios por esa oportunidad, entendía perfectamente las limitaciones de certámenes como ese, en donde no todo el mundo tiene acceso a experimentar o a vivir una situación similar. Por ello, el solo hecho de participar se convierte en algo muy particular en la vida de cualquier persona y, en ese caso, la persona no era otra sino yo.

Desde mi llegada a la ciudad de Panamá, me sentí muy segura de mí misma y tenía la absoluta convicción de haber llegado al país donde obtendría la corona y el cetro máximo de la belleza universal. La noche que obtuve la corona de Miss Venezuela y, en mi propio país un mes después, cuando conseguí la corona de Miss Suramérica, me comprometí entregando todo mi tiempo a prepararme para asumir un rol importante en el siguiente reto.

Entendí la importancia del significado de llevar el nombre de Venezuela como propio, porque así es como llaman a las candidatas en los concursos internacionales, por el nombre de su país. Durante todo un mes no escuché mi nombre Bárbara, sino Venezuela. Y definitivamente fue un enorme honor ser reconocida por el nombre del país al cual uno ama y representa. Señorita Venezuela, me decían y yo respondía con la confianza de llevar en mí misma a más de veinte millones de habitantes para aquel entonces. Por ningún concepto podía quedar mal en nada, por ninguna causa podía defraudar las esperanzas de las personas depositadas en mí. En aquellos momentos yo era Venezuela. Aunque solo es un concurso, en mi país la gente sueña con obtener nuevamente otra corona internacional que quedará guardada como un grato recuerdo dentro de la historia de los eventos de belleza, donde las anécdotas de las ganadoras serán contadas innumerables veces a través de las décadas.

El ensayo general se realizó toda la mañana, después del mediodía se podía percibir cómo atacó el nerviosismo a la mayoría de las personas en todas las áreas de producción. Los escenógrafos terminando los detalles en el escenario, los técnicos de iluminación verificando los focos, repasando cada efecto necesario a producirse en la transmisión del evento. Los camarógrafos se encontraban practicando con cada una de las candidatas, para revisar con ellas sus posiciones al momento de ser captadas por las cámaras esa noche, de esa forma las participantes estaríamos consciente —a pesar de la emoción—, en cuál lugar exactamente posar y a cuál cámara deberíamos mirar.

Todo parecía estar bajo un estricto control. Aunque el director y su equipo venían haciendo este programa por unos cuantos años, se les notaba preocupados por perfeccionar cada parte del mismo, previendo no dejar ningún cabo suelto que pudiese provocar dificultades en la transmisión en vivo. Disfruté mucho cada ensayo pues me permitió evaluarme a mí misma y lograr en cada práctica un manejo aun mejor dentro del escenario, como si fuera un pez en el agua. Mi entusiasmo, mi motivación, mi enfoque no me dejaron ser presa del cansancio por el cúmulo de trabajo. Nunca sentí miedo, ni sentí la competencia como tal, tampoco sentí malestar, ni preocupación en cuanto a si la prensa o el público en general favorecían a una de las candidatas en particular. ¿Sabes? Siempre me sentí mejor en comparación al día anterior; siempre fui optimista, disfrutando de cada momento como si fuera el último. Me sentí ganadora y —aunque no portaba la corona— la veía en mi cabeza.

El día que conocí a Miss Universo del año anterior, Deborah Carthy Deu, a quien por cierto aprecio mucho y con quien en diversas oportunidades a través del tiempo he podido compartir momentos muy agradables, imaginé que ella me pondría la corona la noche de la elección. Al saludarla pensé: «Yo estaré en su misma posición un año después, dando la bienvenida a las candidatas del siguiente concurso». La noche anterior al evento dejé en la habitación del hotel todas mis cosas recogidas y bien colocadas en las maletas, planché toda la ropa como si no estuviera por regresar a casa, sino por el contrario, como si fuera a continuar mi periplo hacia otro destino. Durante mi estancia en Panamá, cuando las personas se me acercaban pidiéndome un autógrafo como Miss Venezuela, escribía la primera letra del nombre de mi país en forma de U en vez de utilizar la V y lo hacía intencionalmente sin que la persona lo notara, pero en mi mente me repetía la U es de Miss Universo y en eso me voy a convertir.

Cuando hablaba con Miss Estados Unidos, que por cierto resultó ser la primera finalista, le preguntaba cómo era su apartamento en Los Ángeles, porque para aquella época tanto Miss Universo como Miss USA vivían juntas por pertenecer los dos concursos a la misma organización. Cuando me contó cómo vivía y la forma de su apartamento, mentalmente viajé a ese lugar, repasé todos los rincones y me imaginé en el cuarto donde iba a pasar el resto de ese año y del siguiente, residiendo en Los Ángeles, California, hasta el momento en que entregara mi puesto a la sucesora del título.

Eso fue durante todo el mes de actividades en Panamá. No permití que nadie, ni nada me distrajera de mi enfoque, mantuve el equilibrio emocional viviendo intensamente cada instante. Fui líder de mí misma exigiéndome más y más, sin tensiones, ni disgustos porque comprendí que el optimismo era mi bandera. Después del ensayo general los minutos se convirtieron en segundos, todos y todo corría a velocidad, en menos de lo que nadie podía imaginar nos encontrábamos a solo una hora de comenzar el evento.

Las candidatas corrían de la sala de maquillaje a sus vestuarios, se oía a las chaperonas ayudando en todo el proceso, los músicos, las bailarinas, los técnicos, los estilistas, todos se multiplicaban. Nunca, para aquel entonces, había visto tanta gente detrás de un escenario. Y lo increíble es que el público, desde sus casas, no ve detrás de las pantallas de sus televisores cuántas personas intervienen para hacer posible un evento de esa categoría.

En mi camerino, que compartía con otras candidatas, me encontraba poniendo todo en su lugar, de manera que al momento de los cambios de vestuario durante la realización del evento no perdiera tiempo. A pesar de haber utilizado a un estilista ese mismo día, al final decidí arreglarme yo misma porque para eso me había preparado intensamente y me sentía más cómoda.

Encontré tranquilidad y silencio en mi camerino mientras todas mis compañeras estaban en el salón de los estilistas en otro lugar detrás del escenario. Ese tiempo a solas lo utilicé no solo para arreglarme, sino para revisar en mi memoria todos los pasos a dar en el certamen. Unos minutos antes de salir al escenario, hacíamos una larga fila detrás del telón y yo era una de las primeras porque mi ubicación al principio del show era en el frente del escenario. Para ese momento estaba vestida con un traje típico de mi país estilo antañona. Era un vestido muy ancho, por eso me pusieron adelante, y fue una posición privilegiada.

En ese tiempo de espera me puse a orar y le dije a Dios: «Señor, hasta ahora hice todo lo posible y ahora voy a dar lo mejor de mí, pero sé con certeza que obtener la corona no depende solo de mis cualidades, ni de mis habilidades ni de visualizar o imaginar las situaciones que deseo convertir en realidad. Tú tienes un propósito conmigo y sabes por qué y para qué estoy aquí. Si lo deseas, alcanzaré mi meta y si no, otro plan estupendo tendrás para mí».

No había terminado de orar cuando comenzaron los primeros acordes de la música a sonar. Eso nos dio la pauta para salir airosas al escenario. A partir de ese momento el tiempo empezó a correr precipitadamente, antes de lo imaginado ya estábamos esperando la decisión, por parte del jurado, acerca de las primeras diez finalistas.

El famoso locutor estadounidense Bob Parker era el que animaba el programa y lo hizo por muchos años. Su magistral conducción y su porte personal atraían a todos los presentes aportando credibilidad al concurso. En sus manos se encontraba la tarjeta donde estaban los diez nombres de las finalistas y, sin titubeos, empezó a decir uno por uno. En el teatro se sentían los aplausos de aprobación por parte del público y muchos vitoreaban con emoción a su candidata predilecta. Todavía puedo escuchar en mi memoria el ruido inmenso de esos momentos. Todavía siento la emoción en mi cuerpo de esos instantes y todavía recuerdo cómo iba contando a cada una de las candidatas mencionadas por el animador, con el deseo de ser la próxima.

En efecto, fui el séptimo nombre en la tarjeta de las finalistas, posición que prontamente ocupé en el círculo colocado en el piso del escenario frente a los jueces y el público presente. Mi corazón latía fuertemente, mis manos se pusieron como témpanos de hielo y creo que mis pies también porque no los sentía, pero mi cabeza estaba serena pensando en el gran momento. Había llegado a las diez posiciones finalistas, se cumplía un importante paso en el proceso. En ese mismo instante no olvidé agradecerle a Dios, ya que con esa posición como finalista mi país no quedaba fuera del concurso, por el contrario, yo podía seguir batallando hasta el final.

Después de estar las diez reunidas al frente de los jueces, posando para las cámaras mientras el público en el teatro no dejaba de aplaudir y los televidentes desde sus hogares, me imagino, hacían sus conjeturas apostando cuál de nosotras llegaría a la final, las cámaras dejaron de grabar para ir a comerciales. En esos minutos el equipo de producción le indicaba al resto de las candidatas que abandonara el escenario y se dirigiera a sus camerinos, mientras nosotras —las diez finalistas— nos quedábamos esperando indicaciones por parte del asistente de dirección, que nos advertiría del regreso a la transmisión en vivo.

Una vez en el aire, Bob Parker se dirigió a los televidentes y al público del teatro, explicándoles la estrategia para conocer mejor a cada una de las finalistas a través de la ronda de preguntas.

Fuimos entrevistadas en el mismo orden en que nos llamaron, cada candidata podía pedir la ayuda de un traductor en caso de necesitarlo. Yo entendía el inglés y lo hablaba, pero no tenía mucha fluidez, así que acepté la asistencia del traductor para contestar en español y así no poner en riesgo mi respuesta. El animador —que había investigado la vida de cada una de las candidatas— tenía una tarjeta por cada país en la que había una lista de las características más resaltantes de la representante. Con eso formulaba la pregunta en el momento de la entrevista.

Cuando llegó mi turno, el animador —con mucha amabilidad— se dirigió a mí y me comentó su conocimiento sobre mi título universitario en publicidad y mercadeo, estaba al tanto también de mi actividad en el departamento de cuentas en la agencia de publicidad en la que trabajaba. Su primera pregunta versó acerca de si en mi trabajo veía junto a mis colegas las campañas publicitarias realizadas por diferentes patrocinadores en Estados Unidos y cuál era mi opinión al respecto. Le contesté que, por supuesto, las conocíamos y mucho más, las analizábamos para entender las estrategias que empleaban. Inmediatamente a mi respuesta me preguntó: «Si tuviera la oportunidad de hacer una campaña publicitaria para promocionar el turismo en Panamá, ¿qué haría?»

En ese momento me percaté de lo relevante y significativo que era dar una acertada respuesta, con la que lograría los puntos necesarios para llegar a las cinco finalistas. Mi mente empezó a pensar muy rápido, de inmediato tuve la respuesta, mencioné primeramente las bondades de Panamá y concluí con el eslogan que consideraba adecuado. En cuatro palabras quise destacar, frente al mundo, las características de todo un país en el que el visitante se sienta como en su propia casa, identificándose con la esencia de ese pueblo, deseando conservar los recuerdos como una historia muy personal que permaneciera siempre en su memoria. Creí que el slogan perfecto era: «Mi nombre es Panamá».

Literalmente el público en el teatro se vino abajo aplaudiendo muchísimo, tanto que el animador quiso escuchar la traducción con ansiedad. Él se dio cuenta del impacto generado ya que se sentía el entusiasmo entre los presentes. Unos gritaban aprobando mi respuesta, otros se pararon emocionados y seguían aplaudiendo. En efecto, contesté acertadamente y eso arrojó como resultado la más alta puntuación otorgada por los jueces esa noche. Todavía me encuentro con personas que recuerdan aquella respuesta y me manifiestan cómo les impactó.

A partir de ese momento, cuando las cámaras me enfocaban y debajo de mi rostro salía en las pantallas de los televisores la calificación obtenida, las personas en sus hogares sabían que estaba en primera posición, solo faltaban las puntuaciones de los desfiles en traje de baño y de gala.

En mi memoria guardo el recuerdo de los desfiles siguientes como un flash. Al salir del escenario para dirigirnos al camerino dispuesto para las diez finalistas, fue cuando me di cuenta de que solo quedaba una hora para terminar el evento. Las chaperonas de cada una de las finalistas tuvieron que cambiar la ropa y los efectos personales en los camerinos ocupados anteriormente para uno más grande en el que estaríamos todas juntas. Allí nos arreglaríamos para las siguientes pruebas.

Todo fue muy rápido, pero me sentía preparada para dar lo mejor de mí, deseaba destacar en el escenario —cuando desfilara— por mi confianza y mi seguridad, en contraste con mi figura o a la selección del traje de gala elegido para aquella gran ocasión.

Mi vestido fue uno azul turquesa, en una tela toda drapeada, llevaba dos libélulas como prendedores a cada lado. Me imaginé compitiendo con ese color, me identificaba con él, no porque estuviera de moda porque realmente no lo estaba. Pero consideré al color turquesa como parte de mi mensaje a los jueces, ellos en el desfile podrían captar no solo mi gusto por el color o el diseño en particular, sino mi personalidad; y eso era en realidad mi total interés, dejar claro quién era por encima de cómo lucía.

Al finalizar el desfile de gala pasamos a la selección de las cinco finalistas: solo quedaban cinco puestos y yo deseaba ocupar uno. Cuando me nombraron como Miss Venezuela y estuve junto a otras cuatro finalistas, supe que todo mi país estaría muy alegre. En aquel momento me encontraba en la recta final, ya estaba escribiendo historia al quedar entre las últimas y todavía existía la posibilidad de llegar a la meta como la ganadora.

En esos instantes pasaron por mi mente muchas personas, amigos y compañeros; y al mismo tiempo trataba de localizar a mis familiares en el teatro, a los cuales no lograba ver, no sabía dónde estaban, pero sentía sus corazones, me imaginaba la emoción en sus caras y la expectativa tan grande que de seguro los embargaba.

El animador Bob Parker tenía en sus manos la tarjeta que cambiaría la vida de una de las cinco finalistas. En esos momentos cruciales, la Miss Universo que estaba por entregar su corona hacía su último paseo por el escenario y recibía todos los aplausos y el cariño del público por su estupenda actuación en su año de trabajo.

La prensa comenzó rápidamente a ocupar todo el espacio al frente del escenario, para tener así sus cámaras listas a la hora de ser anunciada la próxima Miss Universo. El público gritaba con todas sus fuerzas por su preferida y, en ese mismo instante, empezaba a salir del cuadro de honor la quinta, la cuarta, la tercera, la segunda —que por cierto, fue la bella Miss Colombia y que antes de retirarse me dijo muy de cerca: «Bárbara gana». En ese momento quedé al lado de Miss USA. El animador estaba repitiendo la frase usual cuando quedan las dos últimas candidatas para saber cuál de las dos ganará. Decía que si por alguna circunstancia la ganadora no podía cumplir con sus responsabilidades, la primera finalista tomaría su posición y se convertiría en la representante de ese año.

Nunca olvidaré que en esos segundos, mientras el animador hablaba, me concentré en un foco de luz inmenso que se encontraba en todo el centro del techo del teatro. En ese lapso que para mí fue eterno, le dije a Dios que, por favor me diera la oportunidad de ser Miss Universo ya que solo Él podía hacerlo.

Sabía perfectamente, en lo más profundo de mi ser, que si no estaba en el plan de Dios, no se me iba a dar, por mucho que hubiera estado al nivel para obtenerlo. Por otro lado, hay cosas que se hacen realidad en la vida y no son del deseo de Dios. Sin embargo, yo quería sobretodo que fuera su deseo y no el mío. Aunque quería ganar y me sentía preparada para ello, la vida ya me había enseñado que solo lo bueno viene de Él. Por eso, si ese triunfo no provenía de Él, entonces no era bueno y, por lo tanto, no lo quería a pesar de ser tan importante para mí.

En medio de mi oración, sentí en mi cabeza cuando Deborah Carthy Deu —Miss Universo 1985—, me puso la corona pues ahora era yo la nueva Miss Universo 1986. Mis ojos se llenaron de lágrimas de felicidad y agradecimiento a Dios. Se había hecho realidad Su deseo y el mío también. Caminé por todo el escenario con mi nueva banda y mi corona que, por cierto, estaba torcida, como suele pasar a la mayoría de las reinas cuando ganan.

Solo entonces fue cuando pude ver dónde estaba mi mamá. Vi perfectamente cuando se desmayó y mi novio, hoy mi esposo, procuraba despertarla a la vez que se ponía las manos en la cabeza por la emoción de no creer lo que estaba pasando: su novia era ahora la nueva Miss Universo y su futura suegra estaba en el suelo desmayada. Es muy simpática la anécdota, ya que él le decía: «Despiértate, no es momento para desmayarte, te vas perder todo lo que está pasando».

Mientras todo eso sucedía, Bob Parker me recibió en el centro del escenario y me escoltó hasta la silla que habían colocado para sentar a la reina saliente y a la entrante. Hasta allí llegaron todas mis compañeras del concurso, se agolparon para felicitarme y me dejaron toda la cara marcada con sus besos y cariños.

En medio de toda esa confusión de abrazos, besos y felicitaciones, podía ver cómo a mi mamá la estaban tratando de reincorporar y veía la felicidad en la cara de mi novio, la alegría de su hermana

Torberys, que lo acompañó y la de los amigos que se encontraban con nosotros como César Rojas, a quien siempre recordaré con mucho aprecio. Tampoco olvido la cara de emoción de mi apreciado Osmel Sousa, presidente del Miss Venezuela y forjador de tantos triunfos internacionales para la mujer venezolana en materia de belleza. El público de Panamá también estaba muy contento con los resultados del concurso y, sobre todo, con la oportunidad de exponer al mundo lo mejor de su país, su gente.

Cuando agradecemos por lo bueno que nos ocurre, se nos olvida indagar si eso bueno proviene de Dios. No todo lo que parece bueno lo es, por eso es vital pedirle siempre que de Él venga todo lo bueno por suceder incluidos los logros, las oportunidades, los premios, los triunfos, etc. Hay refranes en nuestros pueblos latinoamericanos que dicen: «Eso te pasó porque estaba para ti» o «Lo que está para ti nadie te lo quita», refiriéndose a que lo sucedido ya estaba planificado. Lo importante de eso es reconocer que viene de Dios, el mal también tiene planes para uno y estos vienen envueltos con un disfraz simulando ser buenos.

Por eso es muy importante entregarle nuestros anhelos, sueños y metas a Dios, para que entonces nos pueda dirigir hacia ellos o, por el contrario, nos aleje totalmente de los mismos si no es bueno que los obtengamos, aunque muchas veces nos quedemos con la duda.

Por otra parte, cuando algo negativo nos ocurre casi nunca sabemos la importancia de agradecerle a Dios lo que puede hacer por uno en esos momentos. Es precisamente en medio de situaciones difíciles e inexplicables, cuando Él debe estar presente en nuestras vidas, por lo que una de las mayores virtudes que cualquier ser humano puede tener es el agradecimiento.

Cuando aprendes a dar gracias a Dios por todas las bendiciones que recibes cada segundo, cada minuto y cada día, tu perspectiva cambia, permitiéndote enfrentar circunstancias dificultades y problemas que parecen irremediables, y experimentando una paz que llena tu corazón y te da las fuerzas necesarias para seguir adelante en la batalla cotidiana.

Básicamente la idea de la gratitud es un concepto que para la gente quizás no tenga mucha profundidad. Desde niños nos dicen que debemos decir «por favor» y «gracias». Constantemente nuestros padres nos recordaban frente a las personas que hacían algo por nosotros o nos daban algo, la frase: «¿Qué se dice?», a la que el niño responde casi obligado: «Gracias...»

El asunto es que ese nivel de agradecimiento es muy básico y sirve hasta cierto punto, quizás como un catalizador de índole social, como parte de las normas de urbanidad y buenas maneras, pero no nos permite ir más allá. A veces nos quedamos en ese nivel y simplemente tomamos el agradecimiento como algo mecánico, superficial y poco valioso, más bien como una obligación.

Esas gracias son significativas, insisto, pero solo te llevan hasta cierto punto, solo te llevan hasta cierta distancia en el camino de la vida. El concepto de la gratitud realmente es más elevado, se encuentra a un nivel más alto, tiene mayor octanaje, es como un combustible más potente que te permite recorrer una distancia mayor en la vida.

Uno de los ingredientes que representa un valor fundamental para el éxito personal, profesional y espiritual en la vida de cualquier individuo es la gratitud. Esta, más que una simple palabra, es una actitud y una forma de vida. La gratitud hay que sentirla, hay que respirarla, incluso hay que transpirarla hasta que se haga parte integral de todo nuestro ser. En mi caso, ha formado parte de lo que soy y si no contara con ella en todas las tareas que cumplo a diario, no tendría la oportunidad de recibir todas las bendiciones que Dios comparte conmigo cada día. Sin gratitud tampoco podría prestar atención a las cosas que suelen verse pequeñas, pero que contienen un enorme valor espiritual que trasciende lo material.

La gratitud, en mi diario vivir, ha formado un escudo de protección mental y emocional que me ayuda a enfrentar los momentos más difíciles. Por eso es que tengo fuerzas para dar gracias a Dios aun en medio de las peores circunstancias, sabiendo la existencia de un plan detrás de todo lo que acontece alrededor de cada persona.

La vida me ha confirmado que vivir agradecida es más que una actitud, es algo que tranquiliza, que trae paz, es el propio lenguaje divino, es el medio por el cual Dios nos oye mejor. Y cuando Dios nos oye mejor, ¡nos manda los encargos por FEDEX, no por correo normal!

La vida sería más plena si viviéramos agradecidos, algo así como poniendo el agradecimiento en automático en nuestra forma de ser, mirando más allá de lo que podemos ver, permitiéndonos ver por encima de las circunstancias. ¿Te imaginas? Si desarrollamos la gratitud como un hábito, todos los días podremos agradecer por todo, por nuestra vida, por lo que somos, por nuestra familia, por nuestro trabajo, por nuestros compañeros, por nuestros amigos, por nuestra libertad, por nuestra salud, aun cuando existan situaciones difíciles que no podamos cambiar. Por eso necesitamos entender que cuando damos «gracias» nos libramos de un peso, el cual nos frena y no nos permite continuar.

Cuando enfrento dificultades, pongo en práctica el agradecimiento. Agradezco por las cosas positivas y buenas que esas experiencias traerán a mi vida. No es fácil pero es posible. Tenemos que hacerlo un hábito, el mejor del mundo. Cuando comienzas a dar gracias por todo lo que acontece, empiezas a ver soluciones que antes no veías y que ahora encuentras... si es que ellas no te encuentran primero.

Sin embargo, como tenemos un GPS que nos ayuda en el camino, el tuyo te pedirá que cruces a un lado —como indica la gratitud—, en el que hay una curva seguida de otra un poco más cerrada hacia el lado contrario, son las primeras curvas del recorrido a enfrentar en ese camino. Esto ocurre porque ser agradecido en la vida es así, cuesta mucho. Debes mantener la coordinación del movimiento cuando haces un giro fuerte en una curva, necesitas poner atención a cómo lo haces y saber medir con mucha prudencia cuándo frenar y cuándo acelerar en la curva que se aproxima, sobretodo porque en esa parte el camino se hace peligroso. Es mucho más angosto que los anteriores, por lo que un descuido nos impedirá continuar persistiendo en el intento, es casi como caer por un barranco.

Comenzar a ser una persona agradecida es como forzar nuestra forma normal de ser para convertirnos en personas mejores, y eso implica un esfuerzo. Desde el mismo momento en que decidamos ponerle mayor atención a este concepto, más exigente se irá haciendo cuando lo pongamos en práctica. Aunque el camino es angosto, te fortalecerá en el aprendizaje que hará que pongas en tu corazón y en tu boca esa palabra llena de tanto mensaje positivo.

La gratitud es clave para evaluar lo bueno —y lo menos bueno— con mayor sentido y objetividad. La gratitud en los momentos de dificultad aleja los sentimientos de derrota que nos atacan y que crean grandes obstáculos en el camino.

Mi esposo Víctor, antes de entender este concepto en profundidad, siempre me preguntaba por qué yo le daba tanto las gracias a la gente con la que me relacionaba o con quienes me topaba tan solo una vez en la vida. No podía entender, porque según él, yo exageraba en este aspecto. No se daba cuenta de que cuando lo hacía no solo estaba siendo agradecida con la persona por sus atenciones o por sus favores. Víctor no sabía que en ese momento mi agradecimiento no era exclusivamente para reconocer lo que otros habían hecho por mí, sino para admitir —con mayor intensidad— lo que seguro Dios estaba haciendo y hace por mí todos los días.

Cuando proyectamos gratitud a terceros —siendo agradecidos en todo momento— nos convertimos en imanes, atraemos a los demás. Y debo decir algo: esto tiene mayor poder que la belleza física. Lo verdaderamente importante de vivir con una actitud de gratitud es que nos volvemos atractivos a los ojos de Dios. Él se complace con el hecho de que reconozcamos todo lo que nada más Él nos brinda diariamente. Sin embargo, muchas veces sin darnos cuenta, lo que hacemos es ignorarlo; rechazando de esta manera su amor.

Nada de lo que ocurre es por coincidencia. Todo tiene una razón y aunque no lo puedas entender en el momento, existen motivos que descubrirás en el tiempo. Todo tiene un porqué, todo tiene una razón importante en tu vida o en la vida de otros. Cada momento se convierte en una enseñanza y las personas a tu alrededor en profesores, sin que ellos siquiera sepan que lo están siendo. Tú mismo puedes ser un excelente maestro para otros, trasmitiendo tus enseñanzas. Y, si estas están atadas al agradecimiento serán una enseñanza óptima para el que las reciba.

Recuerda que todo es «Dioscidencia» nunca coincidencia. De esa manera verás lo que ocurre con una mayor amplitud. No te conformes con solo mirar lo negativo de lo negativo. Trata de pensar diferente y ver cómo puedes sacar lo positivo de cada situación. Si lo haces, empiezas a ejercitar tu mente y tu corazón de una manera que seguramente no habías experimentado antes y lo mejor de eso es que puedes convertirlo en un hábito. Agradécele a Dios por tu capacidad para ver de manera diferente los acontecimientos, eso te alejará del terrible temor que siempre está cerca, para atacarte o persuadirte en tu esfuerzo por ser cada día mejor.

Cierto día, cuando mi hijo menor Diego tenía solo cinco años, tuve que llevarlo al pediatra. No estaba enfermo, solo era una visita para un control de rutina. Como el doctor lo examinó anteriormente y me dijo que le haría unas pruebas de sangre, ese día Diego fue en ayunas y el pobre no paraba de quejarse porque era un comelón (y hoy día lo sigue siendo).

En el momento en que la enfermera se acercó para ver en cuál de los dos brazos encontraría la venita a inyectar, mi hijo empezó a sentir miedo. Su carita reflejaba un gran temor, así que empezó a llorar y hasta a temblar. En ese momento todavía no había sentido ningún dolor, pero la expresión de su cara y de su cuerpo decían lo contrario, reflejaba mucha angustia.

Estaba seguro de que aquella inyección amenazante que tenía enfrente le iba a producir un gran dolor. Era imposible quitarle de su mente el dolor que ya sentía sin haber sido pinchado. Diego ha sido siempre un niño grande, su contextura física es fuerte. Siempre le digo que se parece a Ban Ban, el niño de las caricaturas infantiles de Los Picapiedras, uno de los mejores dibujos animados y mi favorito en mi época de niña.

La enfermera tuvo que buscar a otra persona que la ayudara, yo tuve que sentar a Diego en mis piernas y lo apretaba hacia mí para lograr que se sintiera protegido pero, a pesar de eso, era imposible retenerlo quieto. No solo fue insuficiente con dos enfermeras, tuvieron que venir otras dos personas. En total éramos cinco tratando de convencer a Diego, diciéndole que era necesario sacarle la sangre y que no iba a sentir dolor, sino un pequeño pellizco, como le dijo una de las enfermeras.

Todos intentamos hacer reír a mi hijo, le contamos cuentos y chistes. Las enfermeras le ofrecieron caramelos, inventamos todo para lograr contar con su aprobación y poderle sacar la sangre. Fue absolutamente imposible, hasta que recordé que le gustaba jugar con soldados. Entonces le dije que dentro de nosotros hay unos soldados pequeñitos que nos defienden de las bacterias, que siempre están tratando de atacarnos y que la única manera de saber qué cantidad de provisiones necesita nuestro ejército para defendernos de ese inminente ataque es a través del análisis de sangre. Pero para ello era necesario pasar por un pequeño sacrificio que implica un poco de dolor.

La carita de Diego comenzó a cambiar, hasta una pequeña sonrisita afloró a sus labios, su resistencia fue aflojando poco a poco, mientras las enfermeras me ayudaban a explicarle toda la labor de los soldaditos dentro de su cuerpo. Si hubiera tenido una filmadora en aquel momento, hoy me moriría de la risa al ver esa grabación porque las enfermeras y yo actuábamos y hacíamos las voces de los soldaditos.

A Diego lo nombramos «General en Jefe» del regimiento de los «Soldaditos sanguíneos» y él empezó a sentir que se encontraba en una gran misión. Al punto que llegó hasta a darles las gracias a las enfermeras por ayudarlo a descubrir todo lo que su batallón necesitaba. Ahora era él quien tenía la urgencia de sacarse la sangre y hasta pidió que se la extrajeran de los dos brazos y hasta de las piernas si era necesario, a lo que la enfermera le dijo: «No, Diego, con solo pinchar una venita pequeña de un solo brazo obtendremos toda la información por parte de tus soldados».

Diego estaba seguro de que con aquel examen estaría en disposición —junto a su ejército de soldados— de defender a su cuerpo de la posible guerra que en cualquier momento pudiera emprender el enemigo: las bacterias. Finalmente, como un cuento feliz, Diego se sintió más que dichoso y hasta agradecido por aquella experiencia, tanto que todos los meses a partir de ese día y por un buen tiempo me preguntaba: «¿Cuándo volvemos al médico mamá?» Al paso de los años eso se le olvidó, por lo que muchas veces necesité convencerlo para que se dejara sacar la sangre. Cuando eso sucedía, le hacía recordar la anécdota de los soldaditos en su sangre diciéndole: «Diego, es otra guerra que libraremos juntos».

Dios siempre está librando la guerra por ti. Y lo mejor es que siempre gana y ganará eternamente. Por eso cuando los problemas te amenacen con sacarte hasta la sangre, si se lo permites, Dios te aprieta entre sus brazos con amor mientras pasas por esas pruebas. Es importante saber que las pruebas nos permiten conocer cómo estamos por dentro, nos permiten medir con cuántos «glóbulos de gratitud» contamos para combatir al enemigo, que desea enfermarnos, carcomiendo no solo nuestro cuerpo, sino nuestro espíritu que es, sin dudas, su principal objetivo.

No lo olvides, la gratitud te fortalece y minimiza el dolor, hasta que casi ni lo sientes. La vida, de principio a fin, es un solo combate y en cada batalla podemos poner a prueba cuán preparados o no estamos para el siguiente enfrentamiento.

Muchas veces, por no decir siempre, cuando sentimos dolor por alguna situación en la cual nos encontramos, es que podremos ciertamente saber con cuáles defensas contamos interiormente. Solo entonces conoceremos si contamos con las necesarias, o si solo es tiempo de buscar el tratamiento indicado para fortalecernos. El suministro para tu defensa está en la Palabra de Dios, que traspasa toda tu humanidad y te fortalece en tus debilidades, convirtiéndote en el soldado que nunca imaginaste ser.

Ahora debes poner la gratitud en automático para que puedas conocer todos sus beneficios:

1. En primer lugar, la gratitud brinda salud:
    a. Defiende el sistema inmunológico

    b.   Nivela la presión y el ritmo cardiaco

    c.   Acelera el proceso de recuperación en los enfermos.

    Todo esto se ha demostrado en estudios realizados por investigadores de esta materia, que confirman que la gratitud baja el estrés diario.

2. En segundo lugar, la gratitud ofrece lucidez:

    a.   Se ha demostrado que las personas que son agradecidas sufren menos depresión.

    b.   La gratitud brinda lucidez para ver los problemas que acontecen en la vida con una perspectiva diferente a como se veían en el pasado.

    c.   Al desarrollar la virtud de la gratitud podremos ser mayormente conscientes de asumir los problemas más que como obstáculos, como la posible intervención de Dios para nuestra protección. Esto lo digo porque cuando no entendemos, pase lo que pase, tendemos a interpretar los hechos de manera negativa y es lo más natural, pero a través de la gratitud podremos confiar en que ese obstáculo posiblemente sea una bendición disfrazada.

3. En tercer lugar, la gratitud también ofrece paz interna, y esto no tiene precio.

4. En cuarto lugar, la gratitud fortalece las debilidades humanas.

5. En quinto lugar, la gratitud ofrece muchas bendiciones. ¡No te las pierdas!

Cuando aprendes a dar gracias a Dios y a las demás personas por todas las bendiciones que recibes cada segundo, cada minuto y cada día, tu perspectiva cambia, permitiéndote enfrentar circunstancias, dificultades y problemas que parecen irremediables, y lo mejor es que experimentas una paz que llena tu corazón y te da fuerzas para seguir adelante.

En medio de situaciones difíciles e inexplicables es cuando más necesitamos agradecer por lo que tenemos. Además, debemos procurar aumentar nuestra solidaridad con aquellas personas que necesitan de nuestra ayuda y colaboración.

~

Amigo(a), escribe en la línea en blanco tu nombre y repítete a ti mismo:

_____ sigue

_____ continúa

~

Ahora prepárate y pon atención a las indicaciones de tu GPS para que sepas cuál es el siguiente paso para continuar tu camino.

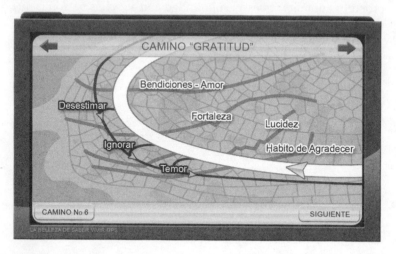

 En dirección oeste, doble a la derecha en la calle «Hábito de Agradecer» y posteriormente recorra la calle «Lucidez».

 Continúe en dirección oeste, y evite las salidas «Temor» e «Ignorar».

 Proceda por la calle «Fortaleza» y gire en dirección noreste.

 Regresando al camino principal, tome precaución y evite la salida «Desestimar».

 Doble en dirección noreste y tome la calle «Bendiciones-Amor». Posteriormente continúe en el camino principal en dirección a «Perdón».

El *perdón*

hora más que nunca, prepárate pues vamos a conducir por un camino difícil, como ningún otro. Es una vía muy angosta, sobretodo la configuración de la curva principal, ya que frena de antemano a muchos que han tratado de atravesarlo y han fracasado. La diferencia que tienes en comparación a otras personas es que ya has conducido por los caminos previos, y estos te han entrenado para llegar hasta aquí.

Tu GPS te estará advirtiendo con prontitud antes de llegar a las calles por donde tienes que salir, las que a su vez son muy pequeñas. Hay varias curvas y necesitarás regresarte por la misma calle una vez la hayas recorrido hasta su final, de tal manera encontrarás nuevamente el camino principal. No te preocupes pensando cómo vas a transitar por una zona tan compleja, solo vas a necesitar inspiración, la gasolina que te mantiene en el camino desde el principio, produciendo en ti la motivación indispensable para seguir y no detenerte.

El perdón se convirtió en uno de mis grandes amigos. Aunque algunas personas lo ven como imposible en un mundo lleno de tantas injusticias y situaciones —en su gran mayoría imperdonables— te puedo decir con toda sinceridad que sin perdón, mi vida no hubiera tenido tantas bendiciones y, de hecho, las he podido disfrutar en toda su extensión gracias al perdón.

Una vez que domines este camino podrás transitarlo cuantas veces quieras sin notar lo intricado que pueda ser y el esfuerzo que requiere subir y bajar por sus senderos porque descubrirás que están llenos de mucha bondad. Tú mismo vas a experimentar este significado a través de tu recorrido. Déjate llevar, pero mantente atento en todo momento a este séptimo paso, que te conducirá a conocer de forma profunda las ventajas que solo provee el camino del perdón.

El famoso músico y cantante Elton John dijo en una canción: «Perdón parece ser la palabra más difícil» [«*Sorry» seems to be the hardest word*]. Aunque eso es muy cierto, la verdad es que existen palabras o frases aun más difíciles de pronunciar para algunas personas, como por ejemplo: «Te perdono».

¿Hay alguien a quien sientes que no has podido perdonar? ¿Te has sentido alguna vez víctima de un silencioso pero agudo dolor emocional, producto de una falta recibida que no parece sanar con el tiempo y no sabes cómo enfrentar? ¿Has sido alguna vez ofendido por alguien que ni siquiera parece percatarse de la falta a tu persona y no sabes cómo enfrentarlo?

Cualquiera sea la situación y por más nobles que a veces sean nuestras intenciones, nuestras frágiles relaciones interpersonales son a menudo amenazadas por malos entendidos, discusiones, errores humanos y conflictos personales que pueden llegar a generar profundas heridas emocionales en nuestras vidas. Esas heridas en muchos casos son capaces de crear una ruptura en nuestras comunicaciones con otras personas, trayendo consigo mucho dolor y tristeza. Todo eso se arraiga en nuestro corazón generando serias consecuencias negativas a nivel emocional que se agravan con el tiempo.

Aunque es una realidad de la que no podemos escapar, quisiera decirte los secretos de un poderoso antídoto emocional. Te permitirá aprender a superar el dolor de una ofensa, no importa cuán grave o trivial sea. Al practicar lo que más adelante denomino «perdones que sanan», podrás reponerte y salir de la penosa enfermedad que carcome tu interior, como consecuencia de no haber podido perdonar.

Don Piper, un hombre que estuvo clínicamente muerto por noventa minutos y fue al cielo en ese tiempo, relata en su libro que aunque siempre imaginó ese lugar como algo perfecto, uno de los momentos más interesantes de su visita fue cuando conversó con las personas que allí se encontraban. El señor Piper narra que en cada conversación entablada, podía experimentar un sentido de perfecta claridad en la comunicación con la otra persona.

Añadió además el hecho de poder entender y sentir la intención pura y noble, emanada del corazón de cada individuo, la cual se expresaba con palabras que comunicaban un mensaje en forma totalmente transparente. De modo que aparte de no existir ninguna maldad en el cielo, el aspecto de la comunicación entre quienes allí se encontraban, fue algo que el señor Piper describió como *perfecto*, dejando a un lado por completo los *malos entendidos* que tanto ocurren en nuestras relaciones diarias.

No cabe duda que una experiencia como esa es algo totalmente fuera de este planeta. Ahora, de vuelta a nuestro mundo imperfecto, encontramos que bien sea por fallas en la comunicación, prejuicios, percepciones equivocadas o malas intenciones, todos sin excepción hemos sido ofendidos por alguien o hemos terminado ofendiendo a alguien. Pero, ¿qué se puede hacer cuando eso ocurre? ¿Cuál es la forma correcta de actuar cuando se interrumpe la armonía en nuestras relaciones interpersonales?

Cuando éramos pequeños y hacíamos algo inapropiado o socialmente inaceptable en contra de otro, nuestros padres o tutores nos obligaban a pedir perdón a la persona agraviada. Eso implicaba comúnmente una confrontación cara a cara, en la que reconocíamos nuestra falta, confesando nuestro arrepentimiento y solicitando el perdón por parte de la persona ofendida.

Todo ello con el propósito de recibir una absolución a fin de reanudar las relaciones cordiales previas al incidente. Pero aunque los conflictos entre niños de una escuela primaria pueden resultar fáciles de resolver y pasar por alto, ¿qué sucede cuando los agravios dejan de ser un simple empujón en el parque para convertirse en una ofensa verbal o maltrato físico o sicológico con consecuencias trascendentales, que producen heridas difíciles de sanar? ¿Qué significa en realidad perdonar?

La justicia y el perdón

Para poder comprender mejor el concepto del perdón, debemos entender que Dios ha colocado en cada uno de nosotros un sentido de justicia. Esto es algo congénito (moral innata) y forma parte de la esencia de cada persona. Está en tu GPS. Este sentimiento de justicia se basa en la idea de que cada acción buena o mala cometida por una persona debe acarrear una consecuencia acorde a dicha actuación. La justicia como concepto y parte esencial de cada ser humano es algo que se manifiesta espontáneamente, aun a una temprana edad.

Como madre de dos maravillosos hijos recuerdo que una de las primeras frases que Diego, el menor, aprendió a decir cuando deseaba realizar actividades solo permitidas a su hermano mayor Víctor Tomás era: «Mami, ¿por qué mi hermano sí puede y yo no? ¡Eso no es justo!» Esa frase infantil «no es justo», que sin duda cada padre ha escuchado en numerosas ocasiones, es el reflejo verbal de un principio presente en el corazón de cada persona hasta el día de su muerte.

Es ese sentido de justicia que instintivamente nos impulsa a querer imponer un castigo a la persona que nos ofende. Sin embargo, la experiencia nos indica que ese sentido de justicia no es capaz por sí solo de subsanar completamente el dolor emocional ocasionado por la ofensa. Siendo precisamente esta la razón primordial por la cual Dios nos ha dejado un recurso adicional, el que aparte de cumplir cabalmente con ese sentido de justicia opera además como un antídoto capaz de contrarrestar el sufrimiento emocional interno que deriva de la ofensa, recurso que conocemos como perdón.

¿Qué es el perdón?

El perdón es simplemente tomar la decisión de dejar sin castigo a la persona que te ocasionó un agravio.

Es precisamente aquí donde muchas personas, al no entender bien la profundidad de este concepto, encuentran un obstáculo que les impide seguir adelante con este proceso de liberación personal. Quizás hayas pensado que perdonar a tu agresor es como faltarte el respeto a ti mismo, a tu dignidad y a la de otros que sufrieron las consecuencias de ese mal.

Basados en la justicia, algunas veces los que se niegan a perdonar, piensan que están castigando a su agresor y creen que decidir por el perdón libera a sus enemigos de sus culpas y esto, para ellos, es totalmente injusto. Pero, ¿significa acaso que cuando perdonas a alguien por una ofensa, esa persona queda absuelta de su culpa y de las consecuencias que debería enfrentar como resultado de su falta? No precisamente.

¿Acaso el perdón es no castigar al agresor?

Una forma de ilustrar este concepto del perdón podría ser lo que se conoce en términos legales como la «transferencia de instancia jurídica». Por ejemplo, cuando a un juez se le presenta un caso legal para su consideración, tiene básicamente dos opciones. En primer lugar, aceptar el caso y evaluarlo para luego emitir un veredicto de inocencia o culpabilidad, lo que implicaría la imposición de un castigo. En segundo lugar, si el caso tiene alguna implicación de índole personal o un conflicto de intereses con el juez, este tiene la opción de abstenerse de considerar el caso y transferirlo a otro juez.

En forma práctica, el perdón te ofrece la posibilidad de tomar esa decisión de no castigar a tu agresor, aun reconociendo que has sido ofendido, decidiendo más bien transferir el caso a una instancia superior, en este caso a la justicia divina. De modo que esta transferencia no indica que no se haya hecho justicia, más bien te «desata» al desplazar el caso fuera de tus manos, eximiéndote de una obligación autoimpuesta, la cual en realidad no te corresponde asumir, permitiéndote entonces experimentar una genuina liberación emocional y personal.

¿Vale la pena castigar a tu agresor y no perdonar?

El supuesto castigo al que una persona ofendida somete a su agresor es algo que termina convirtiéndose en un arma de doble filo, pues añade aun más dolor y malestar emocional a la persona que recibió la ofensa. Está comprobado que la falta de perdón puede terminar por afectar mucho más a la persona que recibió la ofensa y la que a su vez no quiere perdonar. Esto se justifica porque al mantener vivo el dolor, inevitablemente se crea un resentimiento que, por lo general, engendra una raíz de amargura que somete a la persona ofendida al asedio de sentimientos muy negativos. Eso crea un profundo malestar en su vida emocional y física, interrumpiendo su paz y su bienestar.

Es importante reconocer que el mal —como el fuego—, se apaga con el bien. Si le deseas mal a alguien, lo nutres de más maldad. Por el contrario, si oras por su cambio deseándole que abra su corazón a Dios, podrá entonces encontrar el camino para sanar. Además, al perdonar te nutres de bendiciones para permanecer sano, no solo espiritualmente, sino también física y mentalmente. Cuando no lo hacemos, por lo general, podemos enfermar de la misma manera que le deseamos y proclamamos a otro. Como reza el dicho popular: «No desees a otro lo que no quieras para ti».

El corazón y el perdón: carga limitada por tiempo limitado

El corazón humano, centro de nuestras emociones, puede manejar cierto nivel de carga emocional negativa por un tiempo limitado. Esto significa que, aunque sea muy difícil, en condiciones normales estamos en capacidad de poder soportar cierto número de ofensas, las cuales traen consigo dolor, enojo o malestar emocional. Sin embargo, la posibilidad de recibir ofensas se convierte en una carga que nuestro corazón puede tratar en forma temporal y debe salir lo más pronto posible de nuestra vida ya que perturba y extralimita la carga emocional capaz de tolerar.

Precisamente por eso el perdón se convierte en ese valioso recurso que le permite a la persona ofendida «transferir la carga» de la ofensa, sus consecuencias y sus malestares emocionales a Dios. Esto permite que sea Él quien se encargue del problema, impartiendo su justicia divina a su debido tiempo y a su manera, liberando a la persona ofendida de una carga y responsabilidad que por su naturaleza es incapaz de manejar.

Existen afortunadamente muchas personas que han aprendido a perdonar a otros y a sí mismas, pero hay otras que a pesar de saber perdonar a los demás no pueden hacerlo consigo mismas. Esto se convierte igualmente en un gran dolor, pudiéndose extender a un pesado y largo sufrimiento, llevándolo a cuestas por años, sin encontrar solución alguna para sanar esas heridas abiertas.

Esas personas se sienten culpables a pesar de haber pedido perdón a su víctima e incluso recibiendo el perdón por parte de ella. La falta de perdón hacia uno mismo se puede convertir en una esclavitud prolongada, siendo uno su propio hostigador. A pesar del arrepentimiento sincero por las faltas cometidas y del deseo de cambiar, sus actitudes o acciones equivocadas —después de haber sucedido los hechos desafortunados—, muchas personas no logran experimentar la libertad de sentirse perdonadas por sí mismas.

Muchas de ellas pueden sumergirse en una constante y peligrosa depresión al igual que la persona que no ha logrado perdonar a su agresor. Finalmente tanto la víctima como el victimario pueden quedar dentro de la misma celda, viviendo las mismas inclemencias de la falta de perdón.

Es necesario en los dos casos permitirse recibir la misericordia de Dios, que con toda bondad ofrece perdón a quien se arrepiente de todo corazón por sus faltas cometidas. También a quien no se permite perdonarse o perdonar a otros, le ofrece salir del yugo de ese dolor interminable que contamina la pureza del corazón de la persona agraviada, sacudida por una o muchas injusticias. Esas injusticias querrán destruir la vida entera de la persona en cuestión.

Por algunas causas no vale la pena sufrir y mucho menos por no perdonar. El perdón brinda la oportunidad para sanar y no quedarse adherido al pasado. Perdonar es continuar utilizando sabiamente el aprendizaje más profundo que Dios nos ha querido regalar. Una mujer llena de bondad como la Madre Teresa de Calcuta decía: «El regalo más bello que podemos recibir o dar es el perdón».

¿Cómo perdonar?

Perdonar es un proceso que implica varios pasos y decisiones que requieren una actitud determinada, honesta y en la mayoría de los casos, muy valiente.

1) *Decide ser honrado contigo mismo y reconoce que existe una ofensa o agravio.*

   Es imprescindible que reconozcas claramente cuál ha sido la ofensa de la que has sido víctima y no tratar de engañarte a ti mismo ni a otros pretendiendo que no ha sucedido nada. No debes ocultar la falta, ni tratar de justificar a la persona, minimizando o ignorando el agravio, pretendiendo ser fuerte o maduro ante los demás, cuando en realidad te está afectando internamente.

   Al contrario, debes reconocer cuándo y cómo te perturba esto emocionalmente, debes aceptar el enojo, la frustración y hasta un sentimiento de desprecio hacia la persona que te ocasionó la falta. Este primer paso te ayudará a darle nombre y apellido al problema que afecta tu equilibrio emocional y tus relaciones con la persona que propició la ofensa.

   Las ofensas son como mordidas que dejan huella en nuestra piel y lógicamente, causan dolor. También pueden ocasionar lesiones profundas dejando marcas y secuelas en mayor o menor grado. Lo grave es que las heridas ignoradas y no tratadas a tiempo pueden convertirse en agentes infecciosos que desencadenan otros males más complejos de tratar y sanar, manteniéndote en sufrimiento toda tu vida. Por eso te animo hoy mismo a que te armes de valentía para enfrentar la verdad, pues cuando lo haces, esta te hace libre.

2) *Decide que es tiempo de renovar tu mente y comenzar a tomar mejores decisiones en tu vida.*

   Cada uno de nosotros opera bajo una filosofía o código ético. Esto representa básicamente los lentes a través de los cuales vemos la vida y tomamos nuestras decisiones. A menudo esos lentes los hemos llevado por mucho tiempo y nos negamos a cambiarlos, a pesar de continuar sufriendo internamente.

El perdón comienza tomando la decisión de ver las cosas desde otro punto de vista, como lo es en este caso decidirse a perdonar de verdad. De modo que si no has podido perdonar a alguien y sientes en tu corazón que no has cerrado ese capítulo en tu vida, te invito a que a partir de hoy comiences a tomar decisiones diferentes para que obtengas resultados distintos.

3) *Decide aprender a valorar la importancia y los beneficios del perdón.*

El perdón es dejar de vivir atado a las garras del enemigo, aunque este haya dejado marcas profundas en nosotros. Hay algunas heridas mucho más profundas que otras, pero sé por experiencia propia que las profundas, al decidir sanarlas, se convierten en una oportunidad inmensa para crecer en lo espiritual. No es que tengamos necesidad de pasar por situaciones injustas para crecer espiritualmente, pero cuando se presentan en nuestras vidas, lo más importante es liberarse de ellas lo más rápido posible para sanar y continuar nuestro camino.

Recuerda que no perdonar es quedarse en el dolor y, peor aun, recordando con mayor intensidad lo ocurrido, minuto a minuto, día tras día, reviviendo la ofensa sin descanso. Una situación en la que nuestro cuerpo, mente y espíritu reviven todo, como repitiendo en ese mismo instante el incidente que nos marcó.

Por eso te pregunto: ¿Merece la pena vivir con este sentimiento que te hace tanto daño por dentro? ¿No te gustaría experimentar la sensación de liberación que produce el sacar de tu equipaje emocional esa pesada carga que arrastras desde hace tanto tiempo? Hoy puedes comenzar el proceso de curar esas heridas emocionales y empezar a disfrutar de los grandes beneficios del perdón.

4) *Decide perdonar a tu agresor.*

Sin lugar a dudas este paso es quizás el más difícil y crucial en este proceso, pero es importante recordar que no necesariamente «sentirás» el deseo de perdonar a alguien para poder hacerlo. El perdón es una decisión y Dios nos ha creado con la capacidad de tomar decisiones, utilizando para ello información provista por parte de nuestro intelecto y de nuestras emociones, que es precisamente lo que nos hace seres humanos.

Es como si nuestra *voluntad* fuese un juez sentado en una sala escuchando los argumentos de nuestro *intelecto* y de nuestras *emociones* para luego emitir un veredicto final. El perdón comienza con una decisión en tu mente, la cual al fin afectará también tus sentimientos. Es una decisión en la que resuelves liberarte a ti mismo de la prisión de la falta del perdón, rehusando castigar a tu opresor y transfiriendo tu carga y todo tu dolor emocional a Dios, entregándole todo lo negativo que te oprime motivado por esa ofensa en particular.

Cuando perdonas a alguien, no significa necesariamente que debas reanudar tus relaciones con esa persona, pero sí tener claro en tu corazón la necesidad de transferir tu caso a una instancia superior divina y dejar en manos de Dios todo aquello que te perjudica emocionalmente.

Hoy puedes comenzar a perdonar a alguien que te haya ofendido, aunque no puedas hablar con esa persona cara a cara porque no sea prudente o seguro para tu integridad física, o porque ya esa persona no está cerca o ya no forma parte de tu vida. Hoy más que nunca, estás a punto de dar un paso hacia una nueva etapa en tu vida con mayor paz y armonía espiritual.

5) *El momento del perdón.*

Ante todo, comienza pidiéndole ayuda a Dios para que te dé las fuerzas necesarias para tomar esta decisión tan importante en tu vida y asegúrate de verbalizar esta experiencia haciéndolo con la mayor sinceridad posible. Recuerda, las palabras unidas a un corazón honesto tienen un efecto muy poderoso en nuestras vidas. Comienza reconociendo la gravedad de la falta y expresa tu decisión de no seguir guardando estos sentimientos en tu corazón, asegurándote de decir claramente que perdonas a esa persona por las faltas cometidas y el dolor que todo eso trajo a tu vida. Quizás este momento sea algo muy difícil y doloroso para ti pero, te aseguro, traerá muchas bendiciones a tu vida, incluyendo la paz al sentirte libre de la falta de perdón.

La ley del bumerán

Entre muchas de las razones por las que debes considerar hacer del perdón un hábito en tu vida, está principalmente el hecho de que en este mundo todos jugamos dos papeles, uno de *agresor potencial* y otro de *víctima vulnerable*. Esto nos coloca en una posición en la que debemos recordar que «la medida que usemos para medir a otros será la misma que utilizarán para medirnos a nosotros». Es como un bumerán que lanzas pero que regresa a tus manos. De modo que el perdón que hoy le otorgas a una persona es el mismo que necesitarás mañana de otra. El hacer del perdón un hábito diario te ayudará a tener una vida más llena de paz. Además, disfrutarás de las riquezas y las bendiciones espirituales y emocionales de los *perdones que sanan*.

No olvides:

«*Él perdona* todos tus pecados y *sana* todas tus dolencias»
—Salmo 103.3 (NVI)

Quiz

¿Cómo puedes comprobar que has perdonado a alguien? Responde este test para descubrirlo.

1) ¿Puedes pensar rápidamente en alguien que te haya ofendido?
   Sí   No

2) Cuando piensas en el incidente u ofensa que cometió esa persona, ¿sientes malestar en tu corazón?
   Sí   No

3) Cuando piensas en esa persona que te ofendió, ¿experimentas un malestar emocional, como enojo o frustración?
   Sí   No

4) Si pudieras hacer algo bueno por esa persona que te ofendió, sin que nadie lo supiera, ¿estarías dispuesto a hacerlo?
   Sí   No

5) Cuando estás a punto de dormir, ¿te perturba el sueño el hecho de pensar en esa persona que te ofendió?
   Sí   No

Tres o más respuestas afirmativas

Te felicito por tomar el tiempo para evaluar tu condición personal y ser sincero contigo mismo. De acuerdo a los resultados de tus respuestas, pareciera haber personas a quienes no has perdonado totalmente. Te aconsejo que sigas las instrucciones llenando el espacio disponible con tu nombre y confesando en voz alta tu decisión de perdonar a tu agresor, transfiriendo tu carga emocional fuera de tu corazón y permitiéndole a Dios que tome control de esa situación en tu vida.

Dos o menos respuestas afirmativas

Te felicito por tomar el tiempo para evaluar tu condición personal y ser sincero contigo mismo. De acuerdo a los resultados de tus respuestas, a pesar de haber experimentado el dolor de una ofensa, has sabido sacar de tu corazón esa carga negativa emocional que te permite disfrutar de una vida llena de paz en medio de un mundo imperfecto. Continúa protegiendo tu corazón y practica estos principios del perdón, pues recuerda que nunca podrás controlar cómo actúan otras personas, pero siempre puedes decidir como reaccionarás a fin de mantener tu salud emocional y espiritual.

Cómo perdonar a alguien que te ha ofendido

Encuentra un lugar y un momento en que puedas estar solo(a) y reflexionar por un momento en la persona que te ha ofendido. Luego escribe tu nombre en el espacio provisto y repítete en voz audible a ti mismo las declaraciones que se encuentran a continuación:

1) Yo _____, perdono porque es lo más *justo* que puedo hacer por mí.

2) Yo _____, perdono a la persona que me ocasionó un dolor interno ya que esta decisión me permite *sanar* mis heridas emocionales.

3) Yo _____, perdono para vivir en *paz*, sin atormentarme con el pasado.

4) Yo _____, perdono porque es una confirmación de mi *crecimiento* espiritual.

5) Yo _____, perdono y le doy poder a Dios en mi vida para que *lleve* mis cargas.

6) Yo _____, perdono porque esto me prepara para *continuar* mi camino y ayudar a otros a sanar emocionalmente.

Amigo(a) escribe en la línea en blanco tu nombre y repítete a ti mismo:

_____ sigue

_____ continúa

Ahora prepárate y pon atención a las indicaciones de tu GPS para que sepas cuál es el siguiente paso para continuar tu camino.

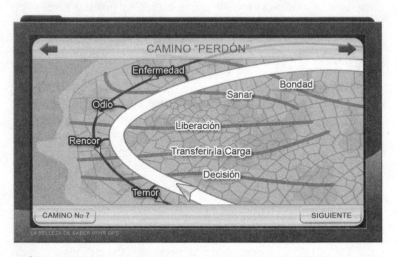

 Camino noroeste, evite la salida «Temor» y gire a la derecha en la calle «Decisión».

 Proceda por la calle «Transferir la Carga», y evite la salida «Rencor» a la izquierda.

 Gire rumbo noreste en la calle «Liberación». Una vez de vuelta en el camino principal, evite la salida «Odio».

 Continúe camino noreste por la calle «Sanar» y evite la salida «Enfermedad».

 Recorra la calle «Bondad», luego regrese al camino principal rumbo sureste en dirección a «Dignidad».

La dignidad

R ecuerdo que era de noche, tarde, muy tarde, me desperté de repente porque sentí a mamá llorando. Al principio no entendía si era un sueño que había tenido o si en verdad mi mamá se sentía mal. Me levanté de la cama, no prendí las luces y me fui hasta su cuarto. A medida que me iba aproximando sentía más su llanto, aceleré el paso, llegué hasta su cama y le dije: «Mami, ¿qué te pasa? ¿te sientes mal?» Ella se sorprendió por mi presencia en medio de aquella oscuridad, quizás pensó que no podría escucharla desde mi cuarto porque estaría profundamente dormida.

Al comprender que me había despertado porque la había sentido llorar, se incorporó un poco en la cama y encendió la lámpara de la mesita de noche, se secó las lágrimas en sus ojos, que estaban rojos como el fuego, me acarició la cara y con tono pausado me dijo. «Sí hija, me duele la dignidad». Con tan solo ocho o nueve años de edad, no sabía los diferentes nombres de las partes del cuerpo humano. Lo que sabía era que, hasta ese momento, ninguna profesora me había enseñado dónde estaba la «dignidad» en el cuerpo humano.

Le respondí con mucha preocupación y curiosidad: «¿Dónde tenemos eso y cuál medicina te puedo traer de la cocina?» Sabía perfectamente que no había nadie más en casa, solo estábamos ella y yo. Tenía entonces la imperiosa necesidad de cuidar de ella. Así que en mi cabecita me decía a mí misma: «Si sigue con dolor, tengo que llamar a mi abuela a su casa para que nos venga a buscar y llevar a mamá a una emergencia de alguna clínica cerca».

Para ese entonces, no tenía experiencia sobre cómo era eso de ir a un recinto de emergencias o por lo menos no recordaba si lo había hecho antes. Solo sabía que tenía la gran responsabilidad de tratar de hacer todo lo necesario para ayudar a mi mamá, ya que en esa circunstancia solo contaba conmigo. La miré detenidamente y le pregunté dónde exactamente le dolía. Le pregunté si podía caminar y si alguna vez había sufrido de lo mismo... ¿de la dignidad?

Ella me miró y, de repente, se echó a reír. Mamá tenía una forma de reír muy particular, su risa era fuerte y muy contagiosa. En medio de aquella escena de angustia y preocupación, terminé riendo a carcajadas con ella en su cama, al mismo tiempo que no entendía lo que en verdad estaba sucediendo.

Una de las cosas que recuerdo con más cariño de la relación con mamá, era cuando a altas horas de la noche me metía en su cama y, como si fuera de día, nos poníamos a hablar de temas diversos e interesantes. Me encantaba hablar con ella de las cosas que sucedían en el mundo, de la política, de los presidentes de diferentes países, de los conflictos que había escuchado en las noticias de la televisión, de los amigos, de la familia, de las películas, de las obras de teatro, de su visión de la vida, del amor, del dinero, del futuro y de mil cosas más.

Definitivamente, era la gran oportunidad de mi mamá para compartir conmigo sus experiencias y ofrecerme sus enseñanzas. A esas horas de la noche nos daba por hablar y disfrutar de la conversación en una graciosa complicidad. Vivimos momentos muy especiales, en los que ella me señalaba la importancia de ciertas herramientas claves y esenciales para emplearlas en la vida diaria. Siempre me decía: «Quizás algunas yo no las utilicé de manera apropiada, pero quisiera que tú, hija, las aproveches ya que yo no lo pude hacer».

Ella sabía que en esas horas compartíamos el gran tesoro de la comunicación entre madre e hija, por eso no era celosa de ese tiempo, ni mucho menos se preocupaba si al día siguiente tenía que ir a trabajar o si yo iba al colegio. Por el contrario, ella intuía que por su horario tan complicado como actriz, no podía desperdiciar los momentos estelares para compartir con su hija, su mejor amiga, como ella me decía. En esos lapsos de tiempo solo ella y yo éramos las protagonistas de esos preciosos encuentros, unidas por una encantadora y amena jornada de compañerismo.

Al ver a mamá reír tanto, sospeché que ya su dolor no era tan fuerte y me dije a mí misma: «Debe ser como tener un dolor de cabeza, que viene y se va sin avisar». Me sentí más aliviada al verla tan contenta junto a mí y también me hizo sentir que algo bueno había hecho, al haberme levantado de mi cama, acudiendo en su ayuda. Quizás pude actuar como el remedio que ella necesitaba, en vez de la medicina que seguramente reposa en la gaveta de la cocina.

«Mamá, ¿ya te sientes bien?», le pregunté confiando en que su respuesta fuera positiva. Pero mamá no podía engañarme, yo conocía a la perfección cuando intentaba ocultarme algo, incluso podía presentir cuando no me había contado algo que yo debía saber. Así que me dijo que no me preocupara más, porque su dolor no se curaba con medicina, ni con doctores, ni siquiera en la emergencia de una clínica podían hacer algo por ella. Entonces le dije: «Mamá, si eso no se cura, ¿qué hacemos con tu dolor?»

Fue a partir de ese día que supe, en lo más hondo de mi corazón, que mi mamá me estaba entregando una de las mejores herencias que una persona puede recibir en toda su vida. Me estaba dando algunas llaves del tesoro del conocimiento. Ella me permitió esa misma noche descubrir uno de los mayores valores humanos, el más resaltante y, para mí, el más importante que Dios le ha brindado a la humanidad: la dignidad.

Mi madre me dijo: «No te angusties, mi dolor no es físico, está alojado en lo más hondo de mi espíritu. Esta dolencia se produce por causa de personas que se proponen humillar y destruir a otras tanto a nivel personal como profesional, pretendiendo pasar por encima de un valor humano que nos viene dado. Este valor hija, es anterior a nuestra voluntad, precede a nuestro nacimiento, reclama de cada ser humano una actitud adecuada para reconocerlo, aceptarlo y ponerlo en práctica como un valor supremo. Es la actitud de respeto y el derecho de libertad incondicional y absoluta que merece todo ser humano sin mirar quién es, qué hace o de dónde procede, y eso se llama dignidad».

Lo primero que atiné a decir fue: «Y si yo lo tengo, mamá, ¿por qué no me duele?» Me imagino a mi madre disfrutando de aquella pregunta como yo ahora disfruto de las cosas bellas que dicen mis hijos, con la inocencia de sus edades y la espontaneidad de la maravillosa niñez y la juventud.

Mi querida mamá trató de explicarme, lo mejor que pudo, el significado de esa estupenda y grandiosa palabra. Ella no quería que supiera las decepciones por las que seguramente pasó ese día o los anteriores, me imagino que alguien la agredió en su dignidad, quizás fue en su trabajo.

Lamentablemente, no faltan en las empresas o en las compañías personas que por su posición de jerarquía pretenden ofender —y de manera ventajosa— utilizar o manipular al personal, hasta llegar a herir su valor fundamental, es decir, su propia dignidad. Presumo que mi mamá sufrió mucho aquel día, porque lloró desconsoladamente, tanto que le pude oír desde mi cama. Entiendo su coraje y su esfuerzo para reincorporarse de su sufrimiento, tratando de darme lo mejor de ella en el momento en el que le hacía tantas preguntas para satisfacer mi curiosidad y para entender qué le ocurría.

Mamá me preguntó: «¡Tienes sueño? ¿Estás cansada?» ¿Quién podía tener sueño después de haber visto a su madre tan triste, pensando en tenerla que llevar de emergencia al doctor? ¿Quién podía sentir sueño o cansancio frente a la oportunidad de oír una clara exposición sobre uno de los valores esenciales del ser humano? ¿Quién podía sentir sueño y perderse aquel momento para descubrir de qué estamos hechas las personas y especialmente conocer lo que Dios pretende con la herencia asignada a cada individuo sobre la tierra? ¿Podemos sentir sueño cuando algo tan importante está revelándose ante nuestros ojos?

Al recordar la tristeza de mi madre y lo ocurrido, pienso que las personas responsables de su dolor, prefirieron considerar la dignidad como si de un sueño o una fantasía se tratara, pensando que al despertar podían desafiarla, ignorarla y hasta destruirla tanto en la vida de otros como, por ende, en la propia.

—No —le contesté muy segura—, ahora no tengo nada de sueño, cuéntame más sobre la dignidad.

—Recuerda —me dijo mamá—, quizás no te voy a dejar ninguna herencia económica, pero deseo dejarte la herencia de los valores morales y éticos, eso será tu mayor riqueza en la vida. La integridad, la honestidad, la responsabilidad, la solidaridad, la justicia, la lealtad, la libertad, entre otros, son principios amparados y derivados de la «dignidad humana».

La dignidad —continuó explicando mamá—, es el valor más básico y sólido en la estructura espiritual de todo individuo, representa la igualdad esencial de todo ser humano. De ella se deriva el primer principio fundamental para toda persona que es la «actitud de respeto». Todos la merecen por tan solo ser parte de la especie humana.

—Barbarita —como me decía mamá—, primero, nunca olvides tratar siempre a cada individuo con el respeto que le corresponde por su dignidad y su valor como persona y también aplícalo para ti misma. Nunca olvides tu valor esencial como ser humano, tu dignidad—.

—Segundo, nunca olvides ser justa de la manera y forma en que trates a los demás y a ti misma. Tercero, compórtate en todo momento de tu vida, tanto en la escuela, como en tu futura carrera o profesión, con honestidad. Si llegas a tener la oportunidad de dirigir a otros en tu labor profesional, hazlo con honestidad. Esa será la medida de tus acciones, incluso hasta la de tus errores. Sé honesta reconociéndolos, pues hará de ti una persona íntegra. Cuarto, elige y decide siempre hacer las cosas que produzcan mayores beneficios para las demás personas, más que para ti misma. Recuerda, cuanto mayor sea el número de gente beneficiada, mejor será tu elección. De esa forma siempre te sentirás útil. La solidaridad y el deseo de servir a otros son los pilares fundamentales de un sentimiento muy particular de felicidad, que ilumina la vida de las personas que son útiles—.

—Quinto, y en último lugar —continuó mamá—, Barbarita, mi hija querida, ten presente siempre que la dignidad produce una inquebrantable paz interior. Es la sensación más grata y reconfortante que puede sentir un ser humano.

Esa fue una noche memorable en la que el dolor de mi madre se convirtió en un motivo de enseñanza para mí. Todavía lo recuerdo perfectamente y estoy convencida de que sus testimonios llenos de experiencias, conquistaron mi conciencia y mi corazón para proporcionarme muchísima reflexión y crear las bases de mi personalidad.

A lo largo de toda mi vida he tenido la oportunidad de ser entrevistada infinidad de veces. También he sido abordada por muchas personas de distintas edades, en diferentes países, con diversas culturas, quienes constantemente me preguntan cómo he podido equilibrar mi vida y enfrentar las amenazas de un mundo que usualmente toma como bandera las tragedias del ser humano, las caídas, las imperfecciones, convirtiéndolas y considerándolas fundamentales para escandalizar la existencia de los demás.

Al responder a las interrogantes y a la curiosidad del público, siempre he manifestado que entre los valores más firmes con los que he conducido mi vida, mi trabajo y mis relaciones con los demás ha sido definitivamente el de la dignidad. Así he contestado, con mucha honestidad, y he pretendido transmitir un mensaje de experiencia y superación. No obstante, considero que cada vez en mayor grado, el mundo y sus circunstancias tratan de marginar, de dejar a un lado los valores y principios indispensables en el camino del crecimiento espiritual de cada persona.

Sencillamente se intentan poner de moda otras cosas, las cuales tristemente la humanidad interpreta como valores, siendo estos los más dañinos antivalores. Lo inquietante es que las nuevas y futuras generaciones puedan pensar que así es como deben vivir, porque de esa manera vivimos hoy en día, sumidos en un ambiente donde los valores como la dignidad, se ocultan o se dejan guardados en algún lugar porque no hacen falta.

La humanidad piensa que al ir en contra de los valores que tiene se procura mayor libertad y es todo lo contrario lo que sucede, ya que la verdadera libertad está impresa en los valores y en los principios morales universales. Solo así puede el ser humano decir que está ejerciendo su libertad.

Las personas viven en verdadera libertad cuando luchan por no permitir que su condición de ser humano sea violentada para arrancarle y robarle su mayor derecho: ser lo que en realidad son. También son totalmente libres aquellos individuos que no desprecian su verdadera identidad, definida por sus valores innatos que les otorgan un valor absoluto como seres humanos, donde la dignidad y el respeto conforman la mayor parte de la esencia de su ser.

El respeto: un componente esencial en el camino de la dignidad

Nunca he concebido la vida sin este principio tan fundamental en la existencia, no solo de los seres humanos, sino también de todo el universo, incluyendo el ambiente, los animales, las plantas y todo lo que conforma este mundo tan maravilloso que Dios nos legó.

Desde muy pequeña, y como resultado de las amenas tertulias con mi mamá, logré identificar la importancia de vivir con dignidad. Me planteé ponerlo en práctica al mismo tiempo que legitimaba y cultivaba ese concepto en mi personalidad. Era verdaderamente un reto que le daba sentido y significado a mis actos cotidianos.

En mi época de estudiante, comencé a constatar el efecto de mis relaciones muy respetuosas con mis maestras, con mis compañeras, con el chofer del autobús, con el portero y con la gente en general. También descubrí el efecto recíproco del trato respetuoso. En primer lugar, porque verdaderamente al tratar con respeto a alguien casi siempre eres tratado con el mismo afecto. En segundo lugar, por la satisfacción que produce poner en práctica tal valor. Como decía mi madre: «Es verdaderamente una grata sensación de felicidad lo que te produce convivir en un mundo de respeto».

Con los años, y como consecuencia de los planes de nuestro Dios, pude evidenciar una y otra vez los beneficios del respeto. Aun en escenarios difíciles donde puede ser desafiado, como los relativos al mundo del espectáculo, pude conducirme siempre con el respeto como bandera en mis relaciones laborales. Recuerdo con mucho agrado haber recibido de las otras personas un trato igualmente respetuoso como el que brindé. Y es curioso, porque mi vida está llena de anécdotas simpáticas en relación con gente difícil y con fama de ser irrespetuosas en su trato con los demás.

Siempre oía esas opiniones de la gente que hasta me advertían: «Ten cuidado porque esa persona es muy dura y puede ser muy ofensiva». No tengo dudas de que el concepto del respeto que mi mamá me transmitió, sirvió en innumerables ocasiones de antídoto, estrategia y medicina para lograr resultados sorprendentes.

Lo cierto es que por los efectos de una conducta respetuosa, he recibido a lo largo de mi carrera profesional un trato muy digno. Aquel sabio dicho que reza: «Trata a otros como quieres que ellos te traten a ti» es muy valedero. Ciertamente confirma que la forma como das y te relacionas, marca un estilo de comunicación y transmite un mensaje claro a los demás. Hoy más que nunca es imprescindible el respeto como componente esencial de las relaciones con los demás porque vivimos en un mundo lleno de terribles contradicciones. Todo eso aunado a una agresividad latente y a una predisposición a generar reacciones carentes del debido respeto y consideración hacia los otros.

Muchas veces las personas toman las relaciones irrespetuosas como norma en su vida. Y te puedo decir que lo fundamental para recuperar el respeto como norma es sencillamente ponerlo en práctica de forma inmediata. No importa quién inicie una relación irrespetuosa, no importa quién espontáneamente te falte el respeto, lo vital es que des el paso y de una forma sincera pongas en práctica el respeto. Te aseguro que las otras personas tomarán en cuenta tu actitud y cambiarán. Y si no cambian, lo importante es que tú no entrarás a formar parte de ese mundo, que puede confundir hasta al más fuerte.

No formarás parte de una enfermedad contagiosa como el irrespeto por el simple hecho de que alguien te lo faltó, y porque en cierta forma el mundo en que vivimos te obligue a que se lo cobres de la misma manera. Si cedemos, empezaremos a caer por un barranco que no tiene fin, que no detendrá tu descenso y ni te dejará subir para encontrar el camino nuevamente. Cuando reafirmas esta actitud equivocada en tu mente como algo innecesario de cambiar, te aíslas totalmente de tus principios y valores, como ser humano merecedor de respeto y de dignidad.

El respeto muchas veces puede ser utilizado al extremo, entre los límites del miedo y el exceso. Este es el caso del miedo o temor, el cual puede llevar a las personas a rechazar la posibilidad de cumplir sus metas y sus objetivos, por el hecho de sentirse inferiores. El individuo en estas circunstancias cree que por el supuesto respeto a otras personas, no debe o no puede hacer uso de su libertad para llevar a cabo sus sueños y propósitos.

El respeto también puede ser utilizado en exceso por parte de autoridades que tienen la responsabilidad de imponer este principio. Se sobrepasan obligando a cumplir ciertos límites o posibles normas, para contener crisis de abuso y de poder por el bien colectivo. De esa manera logran restablecer el orden de los derechos esenciales de cada persona contenidos en su principal valor, la dignidad.

No podemos olvidar que cada ser humano es hecho a imagen y semejanza de Dios, por lo tanto es único, como único es Dios. Partiendo de esta verdad debemos respetar a toda persona, aunque no estemos de acuerdo con lo que diga o haga. Debemos respetarla por encima de toda tolerancia, ya que el respeto en esencia nos exige entendimiento y comprensión, originando esto último una actitud de paz con todo individuo, sin discriminar a nadie ni por su condición ni por su origen.

Definitivamente creo que en la enseñanza de nuestros hijos el principio del respeto es fundamental. Hay que darlo a conocer a todos los niños desde que son muy pequeños, de forma que puedan manejar este concepto a plenitud, logrando que cada pequeñito pueda crecer teniendo grabado en su corazón y en su conciencia la grandeza del respeto a sí mismo y a otros. Esto solamente será posible si cada padre y cada madre se hacen ejemplo de este principio.

Respetar a nuestros hijos debe ser nuestra primera prioridad al convertirnos en padres. Mucho antes de su nacimiento, el niño merece ser respetado, puesto que viene al mundo desde el vientre de su madre con su propia bandera de dignidad, la que absolutamente nadie puede quitar.

La justicia, un principio vital

Una de las anécdotas más importantes que tengo con mis hijos se refiere a una oportunidad en la que Diego —el menor—, se quejaba del comportamiento injusto de una maestra que actuaba de manera parcializada con algunos niños y castigaba de forma injusta a otros niños de su salón de clases, incluyéndolo a él.

Diego llegaba defraudado a casa y repetía incansablemente: «Mamá, esto es injusto, no me lo merezco, ella no actúa bien». Mi esposo y yo empezamos por analizar si verdaderamente Diego estaba en lo cierto, o si se trataba de una situación creada por él mismo o como consecuencia de su comportamiento. Al notar que Diego podía tener razón, solicitamos una reunión a fin de conversar con la maestra y conocer sus puntos de vista. La reunión nos confirmó que Diego estaba en lo cierto y que verdaderamente esa persona no estaba siendo objetiva y, lo que es más grave, actuaba de forma inapropiada y, por ende, injusta.

Fue una buena enseñanza el hecho de poder evaluar con mi hijo las situaciones injustas en la vida diaria de cada persona y especialmente la actitud con la que un niño debe enfrentar situaciones injustas a tan temprana edad, cuando muchas veces esas injusticias provienen de quienes deberían reforzar el principio de justicia tanto en la escuela, como en el hogar.

En medio de ese conflicto escolar, tanto mi esposo como yo, le repetíamos a Diego el hecho de que posiblemente esa persona se quedaría en su cargo hasta final de año, quizás el colegio no tendría suficientes razones para cambiar a esa profesora por otra. Por lo tanto, Diego tenía necesariamente que desechar la actitud de víctima y reforzar su autoestima en primer lugar. Segundo, debería reflexionar sobre las razones por las que una persona se vuelve injusta, no dándose cuenta quizás de su error. Y tercero, era vital actuar con cautela, determinación y generosidad, tratando de tener ante todo mucho autocontrol en dichas circunstancias.

Al mismo tiempo que Diego fortalecía su carácter con realidades como las injusticias —que perturban al mundo en que vivimos con una intensidad asombrosa—, pudo encontrar una salida a su relación con su maestra. Ella no cambió, pero él supo cómo comportarse en cada momento, exigiéndose más, enfocándose no en el problema de cómo era ella, sino en poner mayor atención a las materias que ella dictaba, tratando de respetar las condiciones impuestas por ella en el tiempo de enseñanza escolar.

Afortunadamente mi hijo terminó su año escolar muy bien y la situación fue manejable, dejándole a él la experiencia de tener que aprender desde pequeño a lidiar con ese tipo de personas. Estoy segura de que esta vivencia nunca se le olvidará y podrá reconocer y retratar a otras personas con la misma actitud. Ahora no necesita saber cuántas personas serán injustas con él en su futuro, sino cuán justo será él con el mundo que le tocará lidiar.

Para mí, la justicia ha sido un principio fundamental, un principio de vida y una herramienta poderosísima para construir mi personalidad desde que era una niña. Siendo muy pequeña viví las consecuencias de relaciones familiares que no se caracterizaban precisamente por tener como ingrediente la justicia. Siento definitivamente que muchas de esas situaciones trajeron resultados desastrosos a mi pequeño núcleo familiar y pudieron haberme llevado a desconocer el verdadero sentido y significado de esta palabra.

La justicia, como casi todos sabemos, es atribuirle a cada quien lo que le corresponde o le pertenece. Es aquello que se debe hacer según el derecho, la razón y la igualdad, pero pienso que la forma más útil para comprender su significado es comenzar por entender su lado opuesto, es decir, a través del cristal de la injusticia.

En mi historia particular, y como seguramente a ti también te ha ocurrido, me ha tocado experimentar situaciones injustas, como con el tema del respeto. Sufrí momentos de profunda decepción al percibir este tipo de hechos en mi vida, así como también al verlas igualmente reflejadas en la vida de otros.

Algo que considero vital para los seres humanos es la formación práctica acerca de este tema, desde que somos niños, tanto en su aspecto positivo como en el negativo. Me refiero específicamente a que no basta prodigar las bondades de la justicia, sino que es fundamental advertir de las terribles consecuencias de la injusticia en todos los ámbitos de la vida: el familiar, el social, el laboral, el político, etc. Marcando así las advertencias en el camino que pueden salvar a muchos de actuar erróneamente, y, a la larga, sufrir las temibles consecuencias de las injusticias.

Es importante evaluar a nivel personal cuán injustos hemos sido, repasando las consecuencias —seguramente negativas— vividas con esas acciones por el daño causado a terceros. Todos podemos enmendarnos y asegurarnos de transitar nuevamente por el camino de la justicia de manera efectiva. Necesitamos aprender de cada etapa de esa vía, procurando prevenir los llamados de atención que anuncian. Así entenderemos que no debemos adelantarnos, ya que corremos el riesgo de ser juzgados por la justicia divina. Esta justicia no se equivoca en sus juicios, no retira sus sentencias ni tampoco rebaja los años de condena. No olvidemos nunca que venimos a este mundo para aprender, entre muchas cosas, a ser justos.

Integridad, mi palabra favorita

En efecto, integridad es mi palabra favorita. Siempre he sabido que esta palabra es completa y que implica un gran significado en sí misma. La palabra integridad significa rectitud, honradez, lealtad, y es el mejor sinónimo de intachable. Muchas personas confunden integridad con perfeccionismo, y me llama especialmente la atención que el colectivo en general, equivocadamente pretenda extender el alcance y significado del concepto de la integridad con la intención de desnaturalizar el término equiparándolo con el perfeccionismo.

Como consecuencia de esa confusión creada intencionalmente por algunos, la integridad se convierte en un término pasado de moda o en desuso y criticado por el símil que hacen con el perfeccionismo. De manera tal, que el mensaje que recibe la gente está claramente orientado para que perciban la integridad como una limitación de la libertad del ser humano, es decir un concepto desechable.

Sin embargo, es todo lo contrario, la integridad constituye definitivamente el mayor grado de elevación espiritual para el ser humano, la mayor expresión y la más hermosa del concepto de libertad humana. Sin integridad, se pierde el rumbo individual y colectivo.

Si analizamos la evolución de la sociedad en América Latina, por ejemplo, nos damos cuenta de que muchos liderazgos políticos han carecido de integridad. Estos han reflejado con sus acciones una tendencia de puertas abiertas a todo tipo de conductas contrarias al bienestar de los nacionales. El resultado no ha podido ser más desastroso. Con una simple lectura podemos percatarnos de que todo ello se traduce en miseria, pobreza, atraso, injusticia, corrupción, crimen, violencia y el fusilamiento generalizado de todos los valores morales y éticos que la sociedad debe proteger y, por ende, fortalecer.

Cuando trasladamos esto al núcleo familiar, podemos constatar que los efectos negativos debidos a la carencia del concepto de integridad, son familias disfuncionales con un severo deterioro de las relaciones familiares y del comportamiento de esos actores dentro de sus comunidades. La integridad es primordial, cada persona es responsable de activarla en su vida, y dentro de su entorno social y familiar.

La integridad no se demuestra a medias. O se es íntegro o no se es. La integridad no sirve solo para «algunas» veces. Se pone de manifiesto en toda situación y sobre todo cuando nadie te ve. Hay personas que tratan de disfrazarse de íntegros, pero su careta no es convincente, ya que dejan ver su interior descubriendo quiénes en realidad son. La integridad es sinceridad y transparencia total, es demostrar cómo es el individuo por dentro y por fuera.

Jesús decía que la integridad involucra la totalidad de la persona: su corazón, su mente y su voluntad. No existe mejor definición para ella porque la persona íntegra siente, piensa y decide ir en una misma dirección. La persona íntegra no duda, no se miente a sí misma, no engaña a nadie, no tiene temor de ser y dar lo mejor de sí en todo momento y lugar. En definitiva, la persona íntegra demuestra quién es en verdad y con ello determina sus acciones ante el mundo.

La integridad representa la imagen completa del individuo. Cuando la persona íntegra habla, sus acciones coinciden con su palabra. Este maravilloso camino de la integridad es un sendero frondoso, lleno de un paisaje sin igual y único. Desde este camino puedes proyectar tu vida y ver en el horizonte inigualables resultados y la mejor recompensa que cualquier persona pueda imaginar: la plena satisfacción de un ser humano a cabalidad.

No te pierdas en el camino, sigue las instrucciones del GPS que llevas en tu corazón y acelera disfrutando de tu recorrido.

Las ganancias de la dignidad:
ser útil y vivir con paz

Cuando tienes la oportunidad de hablar con una persona que ha sido premio Nobel de la paz y le preguntas qué es la felicidad, te contesta sabiamente que la felicidad solo se alcanza cuando buscas servir y ser útil a los demás. Estas palabras me conmovieron muchísimo cuando tuve la gran dicha de conocer a la Madre Teresa de Calcuta.

Una de las cosas que más me impactó de ella fue percibir su extraordinario sentimiento de humanidad y su lección de dignidad como ser humano dedicado al servicio de los más necesitados. Ella representó la máxima expresión de integridad en el ser humano. Con su obra y con el ejemplo de su vida, dignificaba todos sus mensajes y acciones, dejando un legado maravilloso que ha salvado y reconfortado a miles de vidas y ha recuperado el maltratado concepto de la paz.

Otro de los elementos imprescindibles dentro del concepto de la dignidad es el servicio a los demás. Es indudable que la dignidad nunca será completa sin el propósito de ser útil a otros. Una de las características que mayormente me ha impactado de la sociedad de Estados Unidos es la eficiencia y el alcance del servicio voluntario o voluntariado, con el que se educa y se motiva a distintos grupos de personas, desde niños muy pequeños hasta personas de la tercera edad.

Creo firmemente que la sociedad en general, los gobiernos, las organizaciones y la familia especialmente, deben promover y favorecer de una manera prioritaria la organización del servicio comunitario a través del voluntariado. Sin solidaridad, ninguna sociedad puede desarrollar actores comprometidos por un mundo mejor. Siendo útiles a otros, compartiendo y ayudando, reafirmaremos en cada uno de nosotros un claro concepto de dignidad y abonaremos a nuestras vidas un inmenso beneficio social y personal.

Las bases de una sociedad más justa y más digna se edifican a través de la paz, pero para que esta exista debe haber bienestar colectivo y para que haya bienestar colectivo, necesitamos crear y defender los procesos fundamentados en la paz. La dignidad, como podemos ver, trae grandes bondades y nos aleja del egoísmo, de la miseria, de la destrucción y de la traición a los principios elementales del corazón humano.

Al poner en práctica el valor de la dignidad como factor clave del mejoramiento de la calidad de vida, reconquistamos el terreno perdido en el cual se generan y se consolidan grandes injusticias y arbitrariedades. Y son estas las que paulatinamente menoscaban la dignidad del ser humano y ponen en peligro la paz de la humanidad.

Así entonces, se comienza a secuestrar la dignidad del individuo, y se establece el lugar perfecto para que los grandes traidores y engañadores de oficio desplieguen todo su armamento. Los reyes de la confusión, imperantes, manipulan a las nuevas generaciones en dirección contraria y errada, llenándolos de temor, de inseguridad, de antivalores y conduciéndolos a un gran abismo.

La dignidad es definitivamente un soporte fundamental para reconducir al ser humano hacia mejores propósitos, en la búsqueda interminable de las mejores condiciones para el mundo que soñamos, un mundo mejor.

Siempre recuerdo aquel dicho popular que me repetía mi abuela, cuando me decía: «Beba», así me llamaba, «en la vida es preferible morir de pie que vivir arrodillada». Para mí, esta expresión popular significó una de las mejores lecciones acerca de la dignidad. Gracias a Dios y a que siempre tuve claro este concepto pude —en mi trayectoria personal y profesional—, enfrentar retos y emprender muchos caminos sin miedo, sin confusiones. Más aun, me propuse llenarme de coraje con mucho esfuerzo y voluntad, para nunca perder ese valioso tesoro: mi dignidad personal.

En este penúltimo tramo de este camino seguro de la dignidad, subirás montañas y alcanzarás la cima. Desde allí divisarás el horizonte de tu vida y mirarás con dignidad todo a tu alrededor para finalmente repotenciar tu espíritu en uno de los trayectos más hermosos de este viaje, realizado con la ayuda de tu GPS interno.

⌇

Amigo(a) escribe en la línea en blanco tu nombre y repítete a ti mismo:

_____ sigue
_____ continúa

⌇

Ahora prepárate y pon atención a las indicaciones de tu GPS para que sepas cuál es el siguiente paso para continuar tu camino.

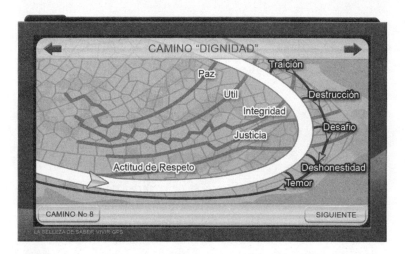

 Rumbo este, tome la calle «Actitud de Respeto» para evitar las salidas «Temor» y «Deshonestidad».

 Rumbo noroeste, evite la salida «Desafío», y cruce en la calle «Justicia».

 Regrese a la calle principal rumbo noroeste, y tome la calle «Integridad» evitando la salida «Destrucción».

 Proceda a recorrer la calle «Útil», y posteriormente la calle «Paz» evitando la salida «Traición».

 Siga el camino principal rumbo norte en dirección a «Fe».

La fe

Estaba apoyada en la puerta del cuarto de mi abuela. No quería entrar para no interrumpirla, solo la miraba. Ella se encontraba sentada en un extremo de su cama y desde allí tocaba con sus manos varias figuras colocadas en la mesita de noche. Al mismo tiempo, murmuraba algo pero yo no alcanzaba a escucharla. Después vi cuando se arrodilló y veía fijamente un cuadro colocado en la pared detrás de su cama.

El cuadro ocupaba el centro de aquella pared, en él se encontraba la figura esbelta de un señor con su corazón expuesto y expidiendo un fuerte reflejo de luz. Recuerdo que aun cuando su cuarto estuviera oscuro, se podía ver todo gracias a la luz del corazón de aquel señor en el cuadro.

Cada vez que me quedaba en casa de mi abuela o cuando tenía que vivir largas temporadas con ella, veía que hacía lo mismo todas las mañanas. Al principio me daba vergüenza preguntarle qué hacía, por aquello de que los grandes hacen cosas que los pequeños no entienden y que por respeto no se pregunta, pero la curiosidad me mataba.

Un día no me pude aguantar las ganas de preguntarle, me llené de valor, me acerqué de nuevo a su puerta, como espiándola, esperé que terminará de hacer su ritual y después le pregunté: «Abuelita», así era como a ella le gustaba que la llamara, «¿qué estás haciendo con esas figuras en tu mesa de noche y quién es ese señor del cuadro?»

Me hizo señas con su mano para que entrara a su cuarto. Ella seguía en un total silencio, no me habló por un tiempo, solo me tomó de la mano y me indicó que me sentara a su lado en la cama perfectamente arreglada. Yo me mantuve tranquilita como si algo muy especial estuviera pasando, los ojos de ella se mantenían cerrados, pero sabía que no estaba dormida. Al contrario, ya estaba vestida, arreglada y lista como para salir de casa.

Mi abuela tenía la costumbre de levantarse a las cuatro de la madrugada, y después de bañarse, se iba derechito a la cocina y se ponía a hacer un rico café. Ese olor no se me olvida. Aunque a esa hora seguía acostada en mi cama, recuerdo el olor del café de la abuela metiéndose por la rendija de mi puerta y llenándolo todo de ese rico aroma. En cierta manera me daba la sensación de que al estar ya levantada, yo estaría más protegida y segura en mi cama durmiendo otras dos horas, antes de despertarme para ir a mi colegio.

Me ha pasado muchas veces que cuando por alguna causa me he despertado a las cuatro de la mañana —especialmente cuando mis hijos eran pequeños y necesitaban de mí—, he sentido el olor del café y, aunque ella no estuviera conmigo, esa sensación me ha hecho sentir protegida y acompañada a esas horas de la madrugada.

Hoy día, si me despierto a esa hora, recuerdo perfectamente cuando mi abuela ponía a hacer el café y comienzo a orar. Ella ya no se encuentra entre nosotros, por eso agradezco por su descanso y su vida eterna.

Ciertas costumbres y hábitos marcan la vida de algunas personas y mucho más cuando se realizan dentro del ámbito de la familia. Unas costumbres son buenas y dejan también grandes recuerdos, otras son dañinas y simplemente no se pueden, ni se deben repetir. Otras son confusas, de manera que permanecen en la familia por generaciones como parte de ella, sin ni siquiera saber su razón, la profundidad de su significado ni su uso. Solo se ponen en práctica y simplemente se dice: «Es una costumbre en mi familia».

Las dos estábamos sentadas en la puntica de su cama, perfectamente acicalada, pues para ella era muy importante que su cama y la mía quedarán hechas antes de salir de casa. Parecía que nadie hubiera dormido en ellas. Abuela me enseñó cómo arreglar la cama, aprendí de ella cómo se doblan las sábanas en las esquinas, para recogerlas debajo del colchón, a estirar bien cada extremo de las sábanas, para no ver ni sentir arruga alguna.

El sobrecama descansaba imponentemente bien colocado con sus almohadas o cojines que combinaban. Y nunca podía faltar la cobijita doblada en el centro de la cama, por si acaso durante el día, uno deseaba recostarse sin deshacer aquella cama tan inmaculadamente hecha. He tenido la fortuna de estar en los mejores hoteles de muchas ciudades del mundo y no creo haber visto ninguna cama mejor arreglada que la de mi abuela.

Cuando terminó su silencio, fue como si despertara de un gran sueño. Me dijo: «Beba, ¿no te había contado qué hago a esta hora?» Y yo simplemente moví mi cabecita de derecha a izquierda, indicando que no. Y continuó diciendo: «Estoy rezando, exactamente como te he enseñado a ti, recuerda que lo hacemos en tu cama todas las noches». A lo que inmediatamente respondí: «Sí, pero yo no sabía que también se reza en el día, no tengo esas figuras en mi mesa de noche, ¿quiénes son? ¿Quién es el señor del cuadro?»

Empezó respondiendo: «Beba te voy a contar. Lo que pasa es que estás muy pequeña y no necesitas estas figuras. Se utilizan solo cuando uno se hace adulto», continuó diciendo, «la vida tiene muchas complicaciones, conflictos, tragedias y uno se tiene que proteger de todo eso».

¿Proteger?, me preguntaba yo, como se protege uno de todo eso que dice ella, esas cosas inspiran mucho miedo, pensaba yo. Inmediatamente le hice otra pregunta: «Abuelita, ¿yo también me tengo que proteger de esas cosas?» Ella me dijo: «Por supuesto que sí, pero yo pido por ti; tú solo debes rezarle a los ángeles de la guarda todas las noches, como te enseñé, y a Diosito que está en el cielo viéndote y protegiéndote todos los días».

Como siempre, estaba muy inquieta y curiosa porque quería seguir preguntando, para comprender bien quiénes eran y qué representaban aquellas figuritas. También deseaba saber quién era el señor del cuadro. Me pareció una buena oportunidad para seguir investigando porque a ella no parecía importarle mucho que siguiera insistiendo con mis preguntas. Le pregunté de nuevo: «¿Quiénes son esas personitas que están sobre tu mesa, cómo se llaman, tienen nombre?» De inmediato contestó, agarrando cada una de ellas, diciéndome: «Claro que tienen nombres y son mis amigos. ¿Ves esta figura gorda? Se llama Buda y tiene la pancita grande para que todos los días se le frote, pidiéndole ayuda para resolver tus problemas. Eso es bueno para todo lo que necesites. Este otro es un regalo de una amiga del Perú y es una figura a la que le puedes pedir, poniéndole dinero y monedas en la bolsita que carga en la espalda, es así como te ayuda para que nunca falte el dinero en casa. Esta otra es una piedra en forma de mujer —que me representa a mí—, todos los días la masajeo para que me cure de mis dolencias de la espalda y de las piernas. Esta más acá, es otra figura típica de algún país de Latinoamérica que no recuerdo y hay que ponerle frutas todos los días para que nunca te falte la comida en la mesa». Y así seguía enumerando cada figurita colocada en su mesa de noche.

En esa ocasión supe de una multitud de personas, que vivían con nosotras y que no había conocido nunca, sino hasta ese día. No sabía si saludarlas, si de alguna manera me estaban viendo, si a partir de ese momento ya conocían de mi existencia y, por ende, si sabían que yo vivía en esa casa.

Sinceramente sentí miedo al conocer de la existencia de aquellas figuras o personitas que, aunque no se movían, parecían tener todo el poder para mover las circunstancias, impedir los problemas y resolver las necesidades de la gente, no solo de mi abuela, porque también suponía que estarían en muchas mesas de noche de otras personas en el mundo.

Mi abuela se entretuvo tanto tiempo hablándome de las figuritas, que no me decía quién era el señor del cuadro. En un instante le sobé la mano, como interrumpiéndola y le pregunté: «Y el señor del cuadro, ¿es también tu amigo?»

A lo que me contestó: «Por supuesto Beba, el Señor del cuadro es Jesús, el hijo de Dios, y ese es su corazón lleno de amor para cada uno de los seres humanos». Y continuó: «Él tiene todo el poder para sanar, para ayudarnos en nuestros problemas y su corazón estará eternamente con nosotros». Yo, sin esperar un solo respiro de ella, después de su respuesta, le dije inmediatamente: «¿Y esas figuras también son hijos de Dios?» Y me contestó algo que nunca olvidaré: «No Beba, esas son figuras creadas por el hombre, por lo tanto no son hijos de Dios. Los hijos de Dios somos las personas que lo aceptamos y lo consideramos nuestro único Dios. A Él y solo a Él le tenemos que tener mucha fe».

Sin que me quedara nada por dentro, le dije: «Entonces si solo a Él le debemos tener fe, ¿por qué tienes esas otras figuras, que como dices no son hijos de Dios y son creadas por el hombre? No entiendo para qué te sirven. Tú dices que Jesús, su Hijo, tiene el poder de ayudarte a ti y a mí. ¿No será suficiente con Dios y su hijo Jesús en nuestras vidas? ¿Por qué no sacamos de la casa a esas figuras que me dan tanto miedo ahora que las conozco?» Y ella, con cierto pesar, me dijo: «Beba, estoy acostumbrada a tenerlas y a rezarles, me lo enseñaron y lo aprendí, es una costumbre familiar».

A lo que yo agregué: «¿Qué es la fe entonces si no te puedes quitar esa costumbre?»

Creo que mi abuela nunca había pasado por un momento así. No pienso que mi mamá ni mi tía le hubieran hecho tal cantidad de preguntas al mismo tiempo y que ella hubiera estado dispuesta a responderlas. Quizás se deba al hecho de encontrarnos en otra época, en la que los niños se atrevían a preguntar más. Además, mi abuela ya tenía otra edad, la cual le daba la experiencia para entender la importancia de responder las preguntas en el momento en que eran formuladas.

Por otra parte, ella siempre fue muy especial conmigo, se sentía muy feliz escuchándome y se reía mucho con mis constantes preguntas. En verdad mi abuela y yo pasamos excelentes momentos juntas. Siempre la admiré. Ella solía compartir sus problemas y dificultades conmigo, claro, según fuese el problema y obviamente de acuerdo a mi edad. También compartía conmigo cuáles soluciones iba a buscar para resolver dichas circunstancias. Ella siempre tuvo coraje, decisión, fortaleza, era en una sola frase: «Una mujer como pocas».

Mi abuela decía que si ella hubiera estudiado una profesión, hubiera sido abogada, porque le encantaba la lucha, la defensa, la justicia y, además, sobresalir en lo que hiciera. Se dedicó a muchas cosas y las hizo muy bien todas. Abrió kioscos para vender caramelos cuando llegó a Venezuela desde las Islas Canarias, en la década de los cincuenta, también tuvo restaurantes, un taller de costura, comerciaba con ropa importada de Estados Unidos, entre otras cosas.

Quizás nunca tuvo las recompensas que mereció, pero trabajó siempre con mucha dedicación, valentía y responsabilidad. Fue ejemplo de esas tres cualidades. Ella fue para mí un gran motivo de superación. A pesar de sus momentos difíciles o penosos, no se afligía ni se derrumbaba, seguía adelante con un motor de seguridad en sí misma, cualidad que a pocas personas les he visto en toda mi vida. Como diría mi estupendo esposo refiriéndose a ella: «Ese tipo de mujeres escasean en el mundo».

Después de mi pregunta, creo que mi abuela por primera vez sintió una verdad abarcando su conciencia. Por primera vez creo que sintió dudas de sus costumbres y de sus creencias. Definitivamente, por experiencias que viví con ella ya de adulta, supe que fue poco a poco dejando esas costumbres y teniendo más presente quién era en verdad capaz de ayudarla y guiarla en su vida. Estoy segura de que pensó: «Me di cuenta muy tarde». Pero no me quedan dudas de que lo importante no es cuánto tiempo pasó, sino cuanto puede seguir pasando sin darnos cuenta de la verdad acerca de Dios y la fe.

Fe, extraordinaria palabra capaz de cambiar totalmente la vida de quien se llena de ella sin importar su edad, sus costumbres o sus erradas creencias, ni en qué circunstancias se encuentre. Lo importante y vital es simplemente experimentar la grandeza de su significado y la pureza de su intención en la vida de cada persona. Cuanto antes mejor, por eso pienso siempre en lo fundamental que es para los niños que a temprana puedan conocer y entender su significado, no solo por sus costumbres familiares o culturales, sino por su propio beneficio. Esto sucederá en la medida que el niño logre comprender en profundidad y sin los obstáculos de los adultos, la importancia de lanzarse a su vida futura con el único «salvavidas» que es la fe.

Siempre recuerdo cuando precisamente mi abuela me enseñó a nadar, pues era una estupenda nadadora. Por haberse criado en las Islas Canarias, no le faltó oportunidad para practicar ese deporte, que por cierto le fascinaba. Cuando la mayoría de los fines de semana íbamos al mar, me colocaba sobre unas piedras que se encontraban alrededor de una playa muy popular en aquel entonces llamada Lido, ubicada en La Guaira, costa del litoral central, a treinta minutos de Caracas.

Desde esa roca yo tenía que tirarme al agua hasta donde ella estaba esperándome. Al principio me daba terror el solo pensar que podía caer en el agua y que mi abuela no tuviera la capacidad para rescatarme. Al saltar, miraba alrededor a ver si había otras personas, por si acaso mi abuela fallaba, de manera que alguien pudiera salvarme. Ella me decía: «Ten fe, no te voy a abandonar, estoy aquí esperándote, no tengas miedo, no te angusties, cree en mí y no te preocupes por buscar a alguien más, sé valiente, lánzate».

Con esa clase de discurso la fe se le alborota a cualquiera. Pero es que eso es la fe, «la certeza de lo que se espera, la convicción de lo que no se ve». Creer solo y nada más que en Dios. Así opera la fortaleza de esta palabra, solamente está hecha para Dios, se debe tener fe nada más en Él y en su palabra. La fe consiste en lanzarnos a Él, que nos sostiene, convirtiéndose en nuestro «salvavidas» del mundo y sus consecuencias.

Necesitamos mucha valentía para lanzarnos sin reparos a los brazos de la fe. Algunas veces ponemos en duda el amor de Dios para cada uno de nosotros. Creemos que es un Dios de amor para todos, es decir un Dios general. A las personas les resulta muy difícil creer que es un Dios eminentemente personal, con el cual se establece una relación estrecha y única con cada individuo. Cuestionamos que esto sea posible, siempre pensamos que Dios no tiene tiempo para uno sino para los demás, creemos que tiene solo interés por los grandes problemas y no por los pequeños y cotidianos de cada persona.

Subestimamos su amor por cada uno de nosotros. Si no nos aceptamos, entonces es imposible aceptarlo a Él. Como repasamos en el primer capítulo, la aceptación no es para vanagloriarse de lo que eres, eso sería un desastre. La aceptación es para reconocer lo que Dios hizo en ti y en mí, es más, «es un acto de fe».

Si Dios te ama, como en efecto lo hace, te tienes que amar; es decir, te tienes que aceptar, no puedes dejar de hacerlo porque entonces desconoces a Dios en tu vida y eso es, por lo general, el comienzo de la tragedia del ser humano: la duda y la ignorancia.

Para mí, la duda con respecto a la fe es debilidad. Debilidad para emplear las destrezas que nos llevan a la aceptación. Cuando tenemos dudas sobre Dios, nuestros niveles de aceptación descienden de una manera inminente, obstaculizando a la valentía que da paso a la acción en nuestras vidas. Dejamos así a Dios con los brazos abiertos, sin poder asirnos ni mucho menos protegernos porque se queda alejado, apartado, sin posibilidad de intervenir en la vida de cada uno de nosotros.

Dios tiene todo el poder del universo, porque Él lo creó y lo puso a nuestra disposición. Por tanto, no puede intervenir en tu vida si no se lo permites. Él nos creó en total libertad, brindándonos la opción de aceptarlo o rechazarlo. El hombre, por «costumbre», piensa primero en resolver las cosas a su manera, antes de buscar información en la Palabra y el pensamiento de Dios.

Definitivamente, la fe en Dios requiere de valentía para «aceptarlo», sin ponerle obstáculos ni deseando hacer las cosas a nuestro libre albedrío, sino como Él solo sabe hacerlas. El acto de fe supera toda tu experiencia, conocimiento, inteligencia, destrezas y habilidades, trascendiendo tu propia persona física y mental. Solo tu espíritu opera en esta actividad y toma control de tu coraje como individuo, fortaleciéndose y ejerciendo control en tu vida, ya que se encuentra en conexión directa con Dios. Es como si estuviera enchufado a la energía divina y que solo Él puede proveer.

El amor de Dios por ti es infinito. ¿Has reparado alguna vez en esta palabra? Tú y yo no podemos comprender en su totalidad su significado. No importa que no conozcas ahora de un todo el alcance de ese amor, solo ten presente que está disponible para ti y para todos, si lo queremos aceptar. Únicamente necesitas aceptarlo, lanzarte a Él sin reparos, sin dudas y sin temor. No lo pienses más... ¡lánzate!

Cuando reconocemos a Dios en nuestras vidas empezamos a crecer en el área espiritual, la que a veces dejamos a un lado, tomando equivocadamente —como dije— a nuestra mente y a nuestro cuerpo como la torre de control de nuestra vida. Muchas veces no sabemos a ciencia cierta la importancia del espíritu como impulsador, motor y equilibrador del individuo.

Es necesario entender que lo físico y lo mental va a perecer, pero los que creemos en la palabra de Dios sabemos que el espíritu seguirá viviendo eternamente. Si las personas logran entender y creen que somos más espíritu que seres físicos, pondrán su vida en otra perspectiva sacando mayor provecho y enorme ganancias.

Nadie, por lo general, atina a saber quién realmente puede llegar a ser, si no cultiva y madura en este aspecto de sí mismo.

Aceptar a Dios con su Palabra y su verdad es la decisión más importante que puedes tomar. Esta decisión debe estar por encima de todo, más allá del pasado, de la familia, del trabajo, de las aspiraciones, de la religión, de las costumbres; en efecto, por encima de todo. Si no es así, siempre le faltará algo a tu esencia y lo peor es que nunca lo encontrarás en otro camino ni en otro lugar.

Los seres humanos necesitamos elegir al Señor como nuestro Dios. Digo esto porque casi siempre elegimos muchas otras cosas como nuestro «Dios», convirtiéndonos en adoradores de falsos ídolos. Sin darnos cuenta, e ignorando la Palabra divina, esos ídolos se transforman en dictadores que controlan la vida de los individuos. Esto los convierte en esclavos, reprimiendo cada día su libertad y estrechando la amplitud de acción que solo Dios ofrece.

Antes, cuando ustedes no conocían a Dios, eran esclavos de los que en realidad no son dioses.

—Gálatas 4.8 (NVI)

En las pruebas, ¿a quién le damos el control?

Hermanos míos, tened por sumo gozo cuando os halléis en diversas pruebas.

—Santiago 1.2

No es nada fácil tener gozo cuando nos hallamos en medio de las pruebas. Es tan difícil hallar esa alegría, esa que exclusivamente le pertenece a Dios. Sin embargo, como ya dije antes, sí es posible. Lo imposible es escapar de las pruebas, estas pueden venir de improviso, por lo general no las esperamos y, por supuesto, ocurren en momentos en los que no estamos preparados para recibirlas. No es una sola prueba la que enfrentaremos en la vida, son innumerables y de diferente intensidad. Tú al igual que yo, te preguntarás: «¿Cuál es el propósito central de las pruebas?»

Descubrí, a través de mi relación con Dios, que las pruebas son inminentemente la mejor oportunidad para demostrar nuestra fe. Dios nunca nos ha ofrecido una vida fácil y mucho menos en este mundo caído, con grandes vacíos y con tanta necesidad de rescatar valores y principios. Lo que sí tenemos claro desde el mismo momento del nacimiento es que la vida es dura, duele y eso lo sabemos todos por experiencia.

Dios utiliza las pruebas para que crezcamos y maduremos espiritualmente, logrando así abrir los canales de la gracia divina para transformar y convertir nuestras debilidades en fortalezas. Esto es lo que más le interesa a Él. Por eso permite que pasemos por dificultades y problemas, porque tiene un propósito grande con cada uno de nosotros. Ese propósito se llevará a cabo si se lo permitimos. Mientras que el mal siempre pone pruebas en nuestro camino para alejarnos precisamente de Dios, ese es su único y primordial interés. Así el ser humano no tendrá, ni conseguirá nunca en su vida, proclamar la fe y la verdad que en esta viven.

El mal solo pretende retener al individuo como esclavo y el ser humano lo complace infinidad de veces, temiendo luchar en contra de ese gran enemigo.

Por eso no podemos olvidar que existe una «batalla espiritual», no es fantasía, ni una idea errada de quienes tenemos y proclamamos nuestra fe. Es una realidad y una verdad absoluta. Detente y mira todo lo que ocurre alrededor tuyo y en la vida de otros. Es tan fuerte la mentira, el horror y el temor que produce el mundo en el cual vivimos, que hasta los creyentes —a pesar de su fe y de sus convicciones sobre la verdad de Dios—, no se sienten preparados con las respuestas claves para responderle al mundo, cuando este ataca de manera indiscriminada. Son muchas las personas que a pesar de ser cristianas son frágiles para combatir en la batalla que implica ser un seguidor de Cristo.

En muchas oportunidades me encuentro con creyentes que no saben cómo buscar respuestas a sus dudas, y entonces —por miedo y pena de reconocerlo—, continúan manteniéndose ignorantes de las razones que acompañan a la verdad de Dios.

Más que nunca es importante que toda persona, creyente o no, busque confrontar sus dudas con la verdad, y para ello es esencial y vital informarse. Hoy día no hay excusas pues existen muchos recursos informativos y educativos a disposición de quien los requiera o necesite.

El conocimiento de la verdad te lleva a fortalecer tu fe —como si se tratara de un músculo—, y esta te lleva a una conexión de alta resolución —como una computadora— a través de tu «servidor» Jesús, para permanecer bajo el control satelital de Dios.

El mundo, lamentablemente, tiende a unirse para destruir la verdad y la fe. Por otra parte, los creyentes nos mantenemos paralizados ante tanto ataque e ignoramos la importancia de actuar continuamente en busca del propósito de vida y en la preparación espiritual constante y necesaria para enriquecer la fe.

La Palabra de Dios estampada en la Biblia con su verdad es lo único que nos va a suministrar las fuerzas para mantenernos como soldados atentos y dispuestos a combatir todos los días en esta gran batalla.

La fe se fortalece primordialmente a través de las dificultades. No es que Dios esté esperando que fallemos para que aprendamos con la misma experiencia, es mucho más. Dios permite las pruebas para que conozcamos más de Él y de su poder en la tierra y en nuestras vidas, para que actuemos con total dependencia de Él.

Es también aprender a tener total confianza en Él, no en nosotros mismos ni en cosas, objetos y circunstancias que nos seducen a pensar en la posibilidad de ayudarnos a resolver los problemas. En la misma medida que enfrentamos mayores dificultades, intentamos confiar principalmente en nuestras propias capacidades. También nos inclinamos a confiar en lo esotérico y aun tratamos de predecir el futuro, deseando tomar el control de nuestras propias vidas por cualquier vía posible.

Déjame decirte, con sinceridad, que tú no tienes el control de tu vida ni yo de la mía. Alguien muy por encima de uno lo tiene, por eso siempre hay que asegurarse de quien estamos hablando. Lo único que dependerá de ti y de mí es a quién le damos ese control. ¿Será a Dios o a las cosas negativas, las circunstancias equivocadas, plenas de mentiras de maldad a las que convertimos en dioses?

La obediencia: una relación perfecta

Aprendí, y por experiencia te puedo decir, que cuando uno hace lo que Dios desea, uno prospera. No es mi concepto, es el suyo. En la misma medida que decidamos entregarle el control de nuestra vidas, necesitamos aceptar ser obedientes y someternos a Él. La sumisión en este caso no es peyorativa, es bendición, porque Dios va ordenando tus pasos de acuerdo a su propósito para ti.

Cada experiencia, caída, tristeza, problema o situación, Dios la encausa a un fin especial. Puede ser para sanarte, prosperarte, ayudarte, beneficiarte, fortalecerte, aunque lo que estés viviendo en ese momento no te permita ver por ningún lado las bondades contenidas en el plan divino.

Las personas desean vivir pendientes de ellas mismas y no de lo que Dios quiere de ellas. Lo que Él quiere para ti sería, en definitiva, lo mejor que te puede pasar. En medio de nuestras pruebas, asumimos muchas veces la actitud de víctima y nos quejamos hasta del mismo Dios, repitiéndonos una y mil veces: ¿Por qué yo?

La clave está en la obediencia para no continuar victimizándonos de manera que no llevemos el dolor a cuestas toda la vida, sufriendo sin remedio ni cura. Al someternos a Él, podemos comprobar la grandeza de nuestra fe, o la pequeñez.

Durante las pruebas, cuando el calor y la intensidad de las mismas aumentan, es cuando más necesitamos liberarnos de los pensamientos negativos que nos atacan en contra de Dios y su plan. Recuerdo en estos casos lo que decía Martín Luther King: «Los pájaros vienen, pero no pueden hacer nido en tu cabeza». Eso es totalmente cierto con las ideas, ya que al permitirles hacer un nido en tu cabeza —y agregaría un nido en tu corazón—, tendrás muchas «generaciones» de ellas apoderándose de tu voluntad, por lo que tendrás que neutralizarlas para luchar en su contra.

En muchas ocasiones pensamos que Dios nos pone más carga de la que podemos soportar y no necesariamente es Él quien la puso, quizás nosotros mismos la generamos como consecuencia de nuestras acciones. Tal vez fue ocasionada por el mal de otros en contra de nosotros, o se produjo por situaciones naturales que no controlamos como terremotos, huracanes, maremotos y otros.

Y en algunos casos ocurren porque Dios así lo permite. Pero sea por la causa que sea, encontramos una vía para salir de las dificultades, si en medio de ellas le entregamos esa carga a Él. En el momento que entregas esa carga, y solo entonces, sentirás la tranquilidad y el alivio de un gran peso que sale de tu cuerpo y de tu mente.

Esa carga se la transfieres a tu espíritu lleno de fe, de obediencia y de sumisión, y de allí pasará a ser depositada en las manos de Dios. Él la cargará por ti y te aliviará el camino que te quede por recorrer.

Si mantienes a Dios en el centro de tu vida con todas sus verdades, aunque te cueste escucharlas o entenderlas en su totalidad, lograrás salir adelante. No debes dejar espacio para la duda y, si todavía la tienes, escucha lo que Él tiene que decirte. Aprende de Él, infórmate sobre Él, averigua e investiga, pero no insistas en pensar que la vida es como tú crees. Las creencias engañan, la fe nos permite ver la auténtica verdad.

¿Cómo se fortaleció mi fe?

Desde pequeña siempre busqué y pregunté por la dirección donde vivía Dios. Con los años fui entendiendo que está más cerca de nosotros que lo que podía siquiera imaginar en mi etapa de la infancia. A medida que le iba conociendo, descubrí que solo le hablaba a Él y que no mantenía una relación igual de estrecha con su hijo Jesús.

Recordaba el cuadro de la abuela con su imagen y un día, cuando tenía alrededor de quince años, después de vivir una de las situaciones familiares más tristes de mi vida, me dirigí al cuadro, que seguía colocado en la pared y allí mismo le dije: «Jesús, de ti solo conozco lo que fuiste pero quisiera conocer lo que puedes hacer por mí».

El Señor Jesús me preparó un tiempo y un espacio para que lo conociera, y fue en el momento que menos te imaginas. Quizás el momento más inusual para cualquier persona, pero lo cierto es que me pasó. Conocí al Señor Jesús en una peluquería, arreglándome las uñas. Seguramente Él sabía que era uno de esos momentos en que yo estaba tranquila y no muy ocupada, como siempre. Obviamente que yo sabía de Él pero no tenía esa relación estrecha y dependiente de Él.

Ese día me atendió una joven llamada Adriana. Ella no me conocía ni yo a ella. Fue uno de esos encuentros que nunca se olvidan. Se mostraba contenta, atenta y servicial, muy conversadora, o al menos conmigo lo fue. A mí que me encanta hablar y comunicarme, me pareció muy entretenida su conversación. Este diálogo nos llevó a la Palabra de Dios.

En algunos momentos, cuando teníamos alguna duda de lo que Dios decía, mirábamos su Biblia —que estaba colocada debajo de la mesa de trabajo—, allí confirmábamos el mensaje y su verdad en nuestras vidas. De manera que se me hizo frecuente hacer eso cada vez que me arreglaba las manos con ella. Pasábamos juntas más tiempo del previsto, tanto que en alguna ocasión le llamaron la atención, pero ella no dejaba que eso le impidiera compartir la Palabra de Dios conmigo.

Confieso que en algún momento pensé: «Quizás Adriana es una persona fanática, ya que se emociona cada vez que habla del Señor Jesús». Pero, ¿quién no es fanático cuando algo le encanta, lo ha alcanzado y lo llena de alegría? Eso lo vemos en aquellos que son aficionados a un deporte o una actividad, no paran de hablar de lo que les emociona, dándoles a sus vidas un sentido muy especial. Y, ¿quién más especial que Jesús?

Para ese entonces, yo desconocía ese amor tan especial que Adriana sentía por Jesús. Ella me permitió conocer más de la Biblia y dejar a un lado el temor de no entender en profundidad al momento de leer. Me explicó con palabras sencillas que para entender la Biblia tenía que recibir a Jesús en mi corazón y que con la ayuda del Espíritu Santo tendría el entendimiento para comprenderla y disfrutarla. La Biblia contiene las «instrucciones» para el ser humano. Es algo así como los instructivos que vienen con los artefactos que compramos. Hay que leerlos y comprenderlos para poder hacer que funcionen.

Adriana, con su sencillez y determinación, compartió conmigo su fe, me enseñó que el Señor establece su iglesia en aquellos que de corazón lo aceptan en sus vidas. Me mostró los capítulos y versículos que nos enseñan que no son nuestros pensamientos, ni nuestros criterios lo que nos pueden salvar de las pruebas y dificultades por las cuales pasamos. Y que, por el contrario, en la Palabra conseguimos todas las herramientas para luchar en esas circunstancias.

Cuando Adriana me decía que el Señor Jesús es la cabeza y nosotros su cuerpo, yo me imaginé a mí misma como una parte mínima de una de las uñas del Señor, ya que a través de algo tan insignificante como las mías Dios me permitió vivir lo más grande que ha ocurrido en mi existencia: conocer a su Hijo Jesús y aceptarlo en toda su amplitud.

El día que acepté al Señor Jesús en mi corazón y lo vi con los ojos de mi espíritu, descubrí que había sido el mejor momento de toda mi vida. No había corona, ni triunfo, ni gloria que igualara tal grandeza y satisfacción.

Entendí a plenitud su inmenso amor y su constante protección, aun cuando nunca dudé de que siempre estuvo a mi lado, como también lo está al tuyo. Evidencié su presencia de una manera muy personal. Entendí que yo era importante para Él, por lo que me sentí aceptada con todas mis virtudes, faltas o pecados; no por lo que había hecho o haría en mi vida. Ese momento maravilloso fue la mejor oportunidad que tuve para descubrir quién soy yo para Él.

A partir de entonces la Biblia se convirtió en el libro en el que encuentro todos los días la maravilla de la Palabra de Dios. A través de cursos bíblicos obtengo respuesta a mis dudas y preguntas. Hoy no me preocupa lo que va a ocurrir, me ocupo en conocer cómo Él me va a fortalecer, para entonces enfrentar esos momentos y situaciones con valentía, entrega, obediencia y sumisión; es decir, estar lista para enfrentar la batalla con mi escudo de fe.

Este libro que tienes en tus manos es para mí un acto de fe. Nadie más que Dios sabe todos los obstáculos que tuve para escribirlo. Nadie nunca se imaginará cuántos fueron. Lo importante es que lo pude hacer gracias a mi fe en Él. A través de cada página de este libro, Dios me iba fortaleciendo y me permitió comprobar en todas estas líneas lo que he aprendido de Él.

Pude entregar y poner aquí todos los conocimientos y experiencias que solo Él me ha enseñado en todo mi recorrido de vida. Ha sido un acto de fe, lleno de valentía, esfuerzo y sobre todo de obediencia. Él quería que lo escribiera, porque tiene un propósito. Mi propósito es ofrecerte la opción de poder manejar tu GPS (moral innata), para que puedas —con estos nueve pasos— conducir tu vida por un camino seguro y confiable.

Mi mayor deseo es que con la ayuda de esta obra, alcances tu propósito, conjuntamente con la oportunidad que tienes de disfrutar tu camino. Sigue cada uno de estos pasos y lograrás reconocer y compartir junto a otros *La belleza de saber vivir*. Dios te bendice todos los días, no lo olvides.

᷒

Ahora prepárate y pon atención a las indicaciones de tu GPS para que sepas cuál es el siguiente paso para continuar tu camino.

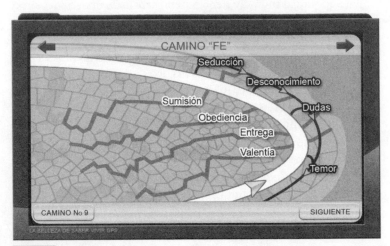

Proceda en dirección noreste, evitando la salida «Temor» y cruce en la calle «Valentía».

Rumbo noroeste, y cruce en la calle «Entrega», evitando la salida «Dudas».

Regrese al camino principal rumbo norte, cruce en la calle «Obediencia» y evite la salida «Desconocimiento».

Posteriormente tome la calle «Sumisión» y evite la salida «Seducción».

Regrese al camino principal rumbo norte hasta llegar a su destino...

Epílogo

Te felicito porque llegaste al final de un camino que culmina en lo más alto, desde donde puedes ver todo el recorrido realizado. A partir de este momento estarás preparado para continuar tu vida, reconociendo las calles que señala tu GPS. Así que ya no te sentirás perdido, angustiado ni con temor; aunque este último siempre trate de confundirte y desorientarte, ahora conoces la grandeza del camino por el que puedes conducir tu vida. Seguro que vas a disfrutar *La belleza de saber vivir*.

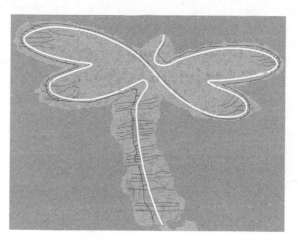

A partir de aquí podrás constatar en el mapa general del camino su conformación y su estructura, por lo que te darás cuenta que tiene la forma de una libélula. Una vez que hayas llegado al final y te encuentres en el camino de la fe, estarás capacitado para despegar y volar como una de ellas, por encima de las circunstancias.

La libélula es una de las mejores creaciones de Dios, ya que no solo mantiene el equilibrio en el aire, sino que curiosamente cuando se posa sobre algo, nunca baja sus alas, las mantiene a la perfección en forma horizontal. En honor a su magistral equilibrio, le asignaron el nombre de libélula, el cual procede del latín *libellula*, diminutivo de *libella* y de la palabra libra o balanza.

La etapa inicial de formación de la libélula como larva o ninfa dura en algunos casos, meses y aun años hasta que complete su desarrollo. Después viene la etapa de adaptación al exterior, que ocurre durante varias noches consecutivas, a fin de que la libélula se entrene para ser capaz de respirar fuera del agua. Una vez que domina la respiración, sale del agua y se pega al tronco de un árbol. Desde allí absorbe todo el aire que puede y rasga su piel de modo impresionante.

Es asombroso ver cómo sale de sí misma dejando la forma de ninfa o larva en el pasado y convirtiéndose en toda una hermosa libélula. Durante ese proceso sus alas se ven pequeñas, pero en pocos minutos se extienden, logrando obtener el tamaño y el aspecto que conocemos, para así emprender su maravilloso vuelo inicial. Es una de las transformaciones más espectaculares e impactantes en el mundo del reino animal.

Asocio esta transformación con la que puede ocurrir en tu vida. ¡Sí! Puedes dejar a un lado lo que fuiste, convirtiéndote y trasformándote así en la mejor creación de Dios: tú mismo. Este proceso requiere tiempo, perseverancia, voluntad y paciencia. Es una transformación que demanda preparación, es un camino de superación, es una búsqueda de un nivel superior de vida. Es la única opción para encontrar *La belleza de saber vivir*.

Y no lo olvides... ¡Dios te bendice!